LA PROTECTION DIVINE

Œuvre de couverture : « Vaincs Tout », mandala de Blanche Paquette,
Acrylique sur toile, 30", 2001
www.blanchemandalas.com

Autres livres de Patrick Bernard:

MANTRA VOYAGE **
LES SECRETS DE LA MUSIQUE DE L'ÂME *
CONSCIENCE ET CONTEMPLATION *
L'ANGE DES LAPINS *
Conte magique pour les enfants du nouveau monde
THE SECRET MUSIC OF THE SOUL ***
LA MUSICA DELL'ANIMA ****

Œuvres musicales de Patrick Bernard, disponibles en disques compacts ou cassettes:

SUBLIME RELAXATION *
SOLARIS UNIVERSALIS *
MANUSCRITS DU SILENCE *
AMOR IMMORTALIS *
ORALIS *
ATLANTIS ANGELIS (I et II) *
SHAMANYKA *
MYSTIK ENERGIA *
IMAGE VOYAGE *
MANTRA MANDALA *

Données de catalogage avant publication (Canada)

Bernard, Patrick

La protection divine : l'ultime refuge est en nous

ISBN 2-9807419-0-6

1. Vie spirituelle. 2. Réalisation de soi - Aspect religieux. I. Titre.

BL624.B49 2002 291.4'4 C2002-940199-2

Mystik Connexion, éditeur
C.P. 3935, Oka, Québec, CANADA
J0N 1E0
Courriel : mystik.connexion@videotron.ca

Dépôt légal : 1er trimestre 2002
Bibliothèque nationale du Québec
Bibliothèque nationale du Canada

PATRICK BERNARD

LA PROTECTION DIVINE

L'ultime refuge est en nous

Mystik Connexion
Éditeur

Rabbi, Rabbi, Rabbi
Ne te lasse pas de chanter
Tes paroles sont un baume
Sur nos yeux aveuglés

Et lorsque viendra la grande canicule
Et que nous devrons nous abreuver
Nous irons prendre refuge au cœur de notre destinée
Où la source jaillissante ne cesse de couler

L'Oasis est en chacun
Le son nous permet d'y accéder
Les paroles sont porteuses
De mondes insoupçonnés

Hermance de Chavigny

TABLE DES MATIÈRES

Lettre aux lecteurs

Chers amis,

Lorsque dans ce livre j'écris les mots « Kristos » ou « Jésus-Christ », ne pensez pas je vous en prie que, pour nous, Dieu soit devenu catholique ou chrétien. Si les mots « Krishna » ou « Bouddha » apparaissent dans mon texte, ne pensez pas non plus que Dieu se soit subitement métamorphosé en bouddhiste ou qu'Il fasse soudain parti d'une secte quelconque. Par ailleurs, je dois vous dire que j'admets volontiers ne pas avoir l'esprit religieux bien que, paradoxalement, ma pensée ne s'élève pas systématiquement contre la religion.

Comme vous le voyez, je communie avec un Dieu sans Église; j'avoue reconnaître néanmoins la nécessité de rencontrer des guides. De plus, si Dieu est omniprésent en chaque être comme en chaque chose, comment ne pourrions-nous pas Le percevoir dans un temple? S'il est possible de s'unir à Dieu au milieu d'une forêt, comment nous serait-il irréalisable de le faire au milieu d'une chapelle? C'est la raison pour laquelle, bien qu'étant essentiellement universel, je ne rejette pas nécessairement les Noms Divins que nous ont légués les grandes traditions mystiques des âges passés.

Comme point de départ, je tiens pour acquis que les mots « Kristos » et « Krishna » sont exactement les mêmes puisqu'ils indiquent les qualités d'une Substance Unique, à la fois personnelle et impersonnelle, qui pénètre tout l'univers. Ces mots, après tout, font partie du domaine public et n'appartiennent pas à un groupement ou à un autre. Vous et moi pouvons les lire ou les prononcer sans automatiquement nous sentir menacés outre mesure. Dans cette optique, même le mot « Dieu » représente ici le Vivant dans sa globalité. Mon souhait le plus cher serait qu'il n'y ait plus de méprise dans votre esprit quant à la véritable nature des énergies sonores constituant les Noms du Divin cités dans mes ouvrages. Soyez certains que ma vocation n'est pas religieuse; elle est avant tout artistique et, dans un sens, thérapeutique.

Il est clair que le concept de Dieu sur lequel je m'appuie n'a de limite ni dans le temps ni dans l'espace. S'il est vrai que chaque être est une partie intégrante de Dieu, nous ne pouvons pas restreindre l'Absolu à un simple processus d'évolution comme cela se fait encore, n'est-ce-pas? Dieu détient naturellement la liberté d'être tout ce qui peut s'imaginer et se situe au même instant au-delà de toute imagination. L'Infini n'est pas uniquement lumière ou énergie. S'il s'agit vraiment d'une conception infinie de la Vérité Absolue, Dieu peut parallèlement être une Entité Vivante multidimensionnelle, intemporelle et intellectuellement inconcevable. En tant que telle, le Divin possède simultanément une infinité de Formes et de Noms, non différents de Lui-même et qui correspondent à une qualité spécifique ou à un mouvement qui Lui est propre. Ainsi, le mot « Adonaï », par exemple, définit en langue hébraïque, un Absolu qui est source de toute abondance, et le mot « Krishna » montre, dans l'ancienne langue sanscrite, le caractère résolument fascinant de la Divinité. Me suivez-vous?

L'âme ancestrale de tous les êtres vivants, en tant que parcelle divine, possède en partie les mêmes capacités que Dieu et ne connaît donc aucune désignation de temps, de lieu, d'époque ou de culture. Pour illustrer cette idée, vous n'avez qu'à visualiser une étoile filante qui traverserait la portion du ciel situé au-dessus de l'Australie. Est-ce que cette étoile en deviendrait australienne pour autant? Bien sûr que non. De la même manière, voyez-vous, Dieu ne devient pas hindou, chrétien ou israélite lorsque nous nous unissons à Lui dans un temple, dans une église ou dans une synagogue.

De la même manière, l'âme humaine n'est à aucun moment canadienne ou française même lorsqu'elle se trouve socialement conditionnée et qu'elle s'identifie artificiellement, pour quelques courtes années terrestres, à une nationalité particulière. Certains peuvent le penser, mais cela est une autre histoire. En saisissant la nature de l'âme, vous pouvez saisir la nature de Dieu car ces deux réalités participent de la même essence, de la même moelle oserais-je dire.

C'est pourquoi, mes chers amis, lorsque vous rencontrez des mots qui définissent ce qu'il y a de plus sacré en nous, que ce soit « Krishna », « Kristos », ou tout autre appellation de ce genre, ne soyez pas tentés de refermer votre cœur, et ce livre par la même occasion… Avant d'associer le mot à une expérience vécue, prenez le temps de regarder au fond de vous et voyez si vous n'êtes pas tentés de retomber victime de vieux préjugés, ou tout au moins d'être influencés par toute une série de conditionnements sociaux reliés à votre environnement familial, professionnel ou médiatique. D'accord? Pourquoi donc vous faudrait-il craindre des Noms Sacrés qui sont venus jusqu'à vous librement et spontanément, portés par des millénaires de sagesse universelle?

Oh, je n'ignore pas à quel point ces mots ont pu être malmenés, jusqu'à être traînés dans la boue et quelquefois mêlés à toutes sortes de circonstances défavorables. Je connais la mauvaise presse que les hommes ont pu leur donner. J'en conviens, il n'est pas toujours commode de détecter en Eux leur vérité première car le Verbe sait bien garder Son étonnant secret.

Malgré cela, les Noms de l'Être illuminent encore l'espace tout entier et l'amour dont ils sont gorgés, sous forme d'énergies sonores, symbolise sans doute la plus attachante des énigmes. Des millions de gens les ont murmurés un jour ou l'autre, à différentes époques ou au sein de diverses civilisations, et les ont ainsi chargés de leurs bénédictions. C'est sans doute aussi pourquoi les Noms Divins semblent déborder de puissances spirituelles et d'effets curatifs insoupçonnés. Innombrables ceux et celles qui par Eux ont été soulagés, guéris, et qui le sont encore aujourd'hui.

Lorsqu'un son est émis, il met en mouvement des ondes invisibles qui ouvrent un canal entre nous et les formes subtiles qui correspondent à ce son. Cela vous explique sans doute pourquoi je tiens tant à nommer Dieu par Ses multiples Noms et pourquoi Ils surgissent si fréquemment dans mon travail. Ils évoquent pour moi un passage vers la présence de l'Ange Suprême.

Je vous remercie d'être touchés par cette rencontre et de rester à l'écoute de toutes ces Harmonies Divines que nous connaissons déjà sur la planète Terre, ainsi que de toutes celles qu'il nous reste encore à découvrir.

Sincèrement,

Patrick Bernard

Oka, novembre 2001

1

Si la tendance se maintient

« L'ouverture du cœur et la découverte des réalités intérieures peuvent encore nous protéger de la catastrophe »

Aujourd'hui, face à l'appât du gain, rien d'extérieur à nous-mêmes ne peut nous sauver. Le mensonge et la cruauté règnent partout. L'être humain semble réduit à un simple vecteur supportant un acte d'achat. En écrivant cela, j'ai l'impression de m'inscrire dans un combat contre les multinationales devant lesquelles le monde politique a finalement démissionné, abdiqué face à la puissance temporaire et antisociale du seul *dieu* adoré avec une foi aveugle par les sectes de la mondialisation : le fondamentalisme économique... On croit rêver devant le spectacle effarant qui nous montre à quel point la société industrielle méprise publiquement la Nature et l'être humain. Pourtant, bien que j'appuie ceux et celles qui dénoncent avec courage les effets négatifs de l'industrie dans les quelques publications non encore muselées par leurs budgets publicitaires, ce n'est plus cette guerre-là que je mène. Ma revendication est ailleurs : *je crois à la force de la conscience et à l'ouverture du cœur comme contrepoison de la haine et de l'ignorance, je crois à la force des sentiments de l'âme.* L'ouverture du cœur et la découverte des réalités intérieures peuvent encore nous protéger de la catastrophe et nous faire éviter les destructions massives car il s'agit de qualités qui nous unissent aux puissances infaillibles de notre partie divine. Tourner en ironie l'existence du soi ne nous aidera pas. Nous avons simplement un pressant besoin de briser la carapace d'insensibilité invraisemblable qui enserre nos poitrines et qui broie nos esprits dans un magma de cynisme et d'hypocrisie impensable; du jamais vu dans l'histoire de la Terre.

Avec la mondialisation de l'économie, l'exploitation aveugle triomphe momentanément sur le dévouement et sur l'éternelle sagesse de la nature. Mais la victoire de l'illusion sera de courte durée. *Quelque chose de bien plus important se passe aujourd'hui à l'intérieur des gens* et cela échappe totalement à cet ordre mondial que cherchent à imposer nos nouveaux dictateurs technocrates. Il y a un déplacement flagrant des consciences. Ce transfert est en train de soulever une vague immense et de projeter silencieusement l'humanité vers une nouvelle civilisation qui devrait survivre durant plusieurs dizaines de milliers d'années : une civilisation basée sur la confiance et sur l'amour.

La résurgence des douces et puissantes émotions ancestrales rend possible la guérison à tous les niveaux. Il est urgent de *guérir des niveaux de conscience* qui génèrent la peur. Il est temps de transformer la haine en amour. La sérénité devient active lorsque toute adversité apparaît comme bonne fortune, quand les ennemis se révèlent comme des amis, lorsque la colère se métamorphose en savoir, quand les fantasmes se tournent en joies parfaites.

Alors, l'esprit se revêt d'éternité, la souffrance s'évanouit, la mort se change en voyage, nous trouvons la paix intérieure en reconnaissant en soi-même le soi, partie du Soi Suprême. Alors, nous n'avons plus de craintes et n'en inspirons plus aux autres. Dès lors, nous sommes guéris. Notre protection est assurée.

Il est urgent d'aimer. Urgent de s'aimer assez afin de respecter nos différences et percevoir la Terre comme le jardin communautaire de tous les terriens. Urgent de partager et de témoigner de l'autre réalité, celle qui existe dans notre être profond, là où tout se joue pour le pire comme pour le meilleur.

Assisterons-nous à un sursaut moral? Cela ne suffirait pas. C'est d'un sursaut spirituel dont dépend la survie de la société. D'où viendra-t-il? Certainement pas de l'État, ni du milieu des affaires, ni des scientifiques, ni des religieux, ni du Collège des médecins, ni de toutes les corporations qui croient avoir intérêt à ce que rien ne change. Pourtant, tout va changer car ce qui est *légal* n'est pas nécessairement *honnête*. Ce qui n'est pas en accord avec le rythme et les lois immuables de la Nature ne peut durer. Tôt ou tard, les empires fondés sur la fraude s'autodétruisent sans même en être conscients. On peut faire le malin mais on ne peut pas faire le malin bien longtemps. Ce *sursaut quantique ne peut venir que de l'individu lui-même.* Le temps des grands systèmes organisationnels experts dans la dévalorisation de la personne humaine, dans la manipulation des âmes et la standardisation du Divin est achevé. Une nouvelle révolution est en marche. Rien ni personne ne pourra l'arrêter. Elle est *gravée* dans les étoiles, prévue et voulue par l'intelligence de l'univers depuis des millénaires. C'est chaque personne désormais qui décide *individuellement* d'ouvrir son cœur, de reconnaître l'unité de tous les êtres, d'accéder à la plénitude, de retrouver le pouvoir de se changer elle-même. Se changer soi-même revient à devenir son propre protecteur, son propre rédempteur. Le monde entier, ensuite, se transformera par un effet de résonance.

Pour accomplir ce défi, nous avons l'éternité devant nous puisque sans cesse la même épreuve revient jusqu'à ce qu'elle soit passée avec succès. Et pourtant, le temps presse. Tenez-vous bien, les miracles sont imminents! *Il ne peut y avoir de mieux-être sans vie divine.*

2

La fonction naturelle de l'être humain

« Les énergies de guérison inhérentes aux sentiments divins ne viennent pas de nous, elles ne font que passer à travers nous»

Même la plus petite liaison, le plus petit contact avec l'intérieur représente notre plus grande fortune. Avant toute autre chose, je voudrais donc rendre hommage aux guides qui ont bien voulu m'accepter comme élève. Ils ont éclairé ma route avec la quintessence des enseignements qu'ils ont eux-mêmes reçus de leurs maîtres. La sagesse étant universelle, je remercie aussi les guides de toutes les traditions. J'offre mes hommages à Jésus qui est notre maître à tous. J'ai le plus grand respect pour *A.C. Bhaktivedanta Swami Maharaj* et pour *Swami B.R. Sridhar* qui m'ont initié dans cette vie au chant sacré; ils sont tous d'immenses sources d'inspiration, de protection et de guérison.

J'offre également mes hommages à *Swami Bhakti Promode Puri Maharaj* qui, à l'âge de 103 ans, a initié ma compagne de vie, Anuradha Dasi, à l'art de la dévotion.

Les saints véritables, dont l'énergie est engagée dans l'esprit éternel de l'amour et du service Divin, peuvent accorder et adapter harmonieusement toutes sortes d'angles de vision opposés et qui semblent incompatibles. Percevant que toutes les différences d'opinion ne sont que des aspects distincts d'une même réalité, les maîtres sont toujours en mesure de faire la synthèse de positions philosophiques divergentes. Sous leur influence bénéfique, les querelles de clochers et autres conflits disparaissent. Leur esprit d'universalité engendre un état de paix réelle. Leur méthode est *pratique.*

Durant leur séjour sur Terre, mes guides étaient déjà considérés comme des êtres libérés, purs *bhaktas* (qui pratiquent le service de dévotion), amoureux du Suprême aux mille visages. Bien qu'ayant disparus physiquement, ils sont aujourd'hui encore vivants à travers leurs messages et l'essence de leurs paroles survit sous forme sonore dans l'espace et le temps.

À moins d'obtenir la faveur de ses guides on ne peut avancer sur la voie. Les saints que j'ai eu la bonne fortune de rencontrer m'ont demandé de chanter les noms de l'Absolu qui est douceur, charme, beauté, paix et amour. J'ai également eu comme instruction de diffuser, selon les circonstances, les conseils reçus et de témoigner ainsi dans mes actions de la présence de l'âme vivante au sein même de la matière; et de faire cela en utilisant d'une manière ou d'une autre les facilités que la providence place sur mon chemin. Conscient de l'imperfection et de l'insignifiance de mon travail, je trouve toutefois dans ces activités une joie et un plaisir qu'aucune autre occupation ne pourrait m'apporter. J'y puise ma paix intérieure.

La connaissance que mes guides ont des sentiments et des émotions de l'âme est immense, incommensurable, et si je suis aujourd'hui en mesure de transcrire une étincelle de leur savoir, c'est uniquement par l'effet de leur bienveillance. C'est en quelque sorte l'écho de leur sagesse qui est présenté ici. Si une personne parvient sincèrement à déployer sa conscience et son amour à travers la lecture de ces pages, c'est aux sages qui en sont le souffle qu'elle le devra.

L'étudiant en quête de vérité pose diverses questions en relation avec les énigmes qu'il veut résoudre afin de progresser vers le but qu'il s'est fixé. La grâce des êtres libres lui présente les éléments de réponse qui éclairent sa route vers l'Infini, à condition qu'il accepte de se laisser conduire au-delà des forêts touffues de la raison et de l'agitation du mental.

Je prie pour que tous les maîtres m'accordent leur bénédiction afin que mon esprit soir pur, libéré de toute motivation mondaine liée à la recherche de la célébrité ou de la richesse non partagée, et que mon cœur soit habité du dévouement rendu à la Source Intarissable de toutes les énergies. Je leur enjoins de m'accorder le courage de réaliser que la vie intérieure n'est pas un luxe superflu et qu'il s'agit au contraire d'une alternative à prendre toute affaire cessante puisque sans cet élément fondamental la vie humaine devient très vite un puits de conditions misérables. Je prie pour qu'en moi la colère tombe en cendres et que la jarre de la convoitise se brise.

Si j'ai écrit cet ouvrage, c'est dans le but de raviver dans ma mémoire les idées et les conceptions révolutionnaires qui m'ont été offertes. Lorsqu'on aborde le sujet controversé de l'âme et des multiples relations qui l'unissent à l'Infini, les préjugés ou la simple élucubration intellectuelle sont des outils bien embarrassants. J'ai préféré laisser couler la lumière plutôt que tenter d'en manufacturer une parcelle avec les moyens limités qui sont les miens. L'âme est une lectrice sachant capter les ondes qui circulent librement entre les lignes d'une page. Les énergies de guérison inhérentes aux sentiments divins ne viennent pas de nous, elles ne font que passer à travers nous. Notre disponibilité et notre intention de coopérer avec elles font de nous des instruments, des canaux ou *channels* favorables à l'ensemble.

Je me sens honoré d'aborder un tel sujet car je sais que mon témoignage sera entendu et ressenti par des personnes qui s'intéressent à la vie intérieure. Je dois avouer aussi que c'est en fait pour ma propre purification, c'est-à-dire pour la rectification de ma propre pensée que j'ai eu le projet de remettre en lumière quelques éclats du message des maîtres qui, sans juger l'état de ma conscience, ont bien voulu m'offrir leur vision du cosmos et de l'être vivant.

Leurs paroles sont chargées de puissances et me sont d'un grand secours. Chaque fois que, dans ma vie, tout semble perdu et que je suis sur le point d'abandonner mon rêve, j'ai le réflexe de replonger mon esprit en elles. J'y puise toujours de nouvelles forces. Quand la peur et le découragement envahissent mon cœur, lorsqu'aucune clarté ne vient pour me dire où aller, lorsque mon travail ne semble porter aucun fruit utile, je me remets alors à l'écoute et je retrouve le sourire. Je réalise à chaque fois que *les ténèbres proviennent de la fermeture de mon propre cœur* et qu'en réalité, tout est parfaitement harmonieux malgré les cruelles apparences. Je sais alors que la grande symphonie de l'Unique joue en nous, qui que nous soyons, et que ses ondes harmonieuses nous apportent le pouvoir de soulager nos faiblesses humaines en nous offrant sagesse et mieux-être au quotidien.

L'âme possède des sentiments, des émotions, elle n'est pas abstraite ou informe, ou nimbée de cet impersonnel et ennuyant silence dont voudrait l'entourer le vide nihiliste. L'âme est vivante, ardente, elle se complaît au cœur des visions et des révélations où elle recherche l'Absolu. En aimant, elle n'est pas rassasiée car l'amour est infini et aimer, c'est aimer l'Infini.

L'âme n'a surtout aucune doctrine à promouvoir. Elle ne fait la contrebande d'aucune paroisse en particulier. L'âme est naturellement comblée parmi les émotions divines. Sa foi n'est pas une charge. Elle a le sentiment que ses émotions profondes peuvent la guérir de son mal de vivre, la guérir de cette angoisse qui s'interpose entre elle et son bonheur. Je ne m'exprime donc pas pour persuader cette âme qui n'en demande pas tant. Je serais heureux si cet ouvrage pouvait au moins consoler un seul être en quête d'apaisement.

Il n'y a pas de modèle unique en intériorité, donc pas de pensée unique. Je me réjouis de la biodiversité des manifestations divines qui, en ne présentant pas toujours la même facette de la vérité, offre aux chercheurs une gamme d'approches et d'outils forts variés. Il n'est pas nécessaire d'avoir une religion ou de ne pas en avoir pour apprécier les sentiments de l'âme. Le Dieu dont il est question ici ne croit pas à l'état d'esprit fermé ou au parti pris. Il voit les croyants et les non-croyants, hommes et femmes, dans leur pluralité. *Ni le Christ, ni Bouddha, ni Krishna-Chaitanya n'ont fondé de secte ou de religion.* Ce sont les hommes qui, par la suite, mettent l'accent sur l'esprit externe des informations reçues en oubliant que les dimensions de l'intérieur sont à la fois individuelles et universelles… et qu'elles font parties de la vie privée.

J'ai volontairement laissé de côté les choses qui tendent à diviser, comme par exemple les citations sanskrites ou latines. L'amour divin passe aussi par l'amour humain et c'est la chose la plus naturelle qui soit. Ce que l'âme veut vraiment c'est aimer et être aimée. Et c'est ce que Dieu veut aussi. Ensemble, nous avons ce désir d'aimer de plus en plus. Chacun trouve en lui-même comment *canaliser* cet amour. Chacun a une certaine liberté d'agir et crée ainsi sa propre destinée. Chacun peut aussi intégrer les qualités de Dieu dans sa propre voie; il s'agit toujours en définitive du même sentiment. C'est ce sentiment qui importe plus que l'image divine particulière de laquelle il est inspiré. *En l'amour réside la finalité et non en Dieu seul.* C'est pourquoi l'intériorité commence souvent là où finissent les professions de foi. Dès mon plus jeune âge, je me suis posé secrètement ce genre de questions : qu'est-ce que la mort? Qu'est-ce que la grâce? D'où vient la vie? D'où vient la souffrance? Comment se libérer de la peur et de l'angoisse? Comment demeurer dans une condition de bonheur intérieur? Comment changer sa destinée? On trouvera dans cet ouvrage les réflexions que les révélations des maîtres ont fait naître en mon esprit. J'ai voulu les partager tant j'ai la sensation que de telles réponses ont des effets puissants sur l'éternité de l'âme. Leur essence est de communiquer l'art d'être délivré de la vie déprimante et de détecter au fond de soi un état de plénitude étonnant, presque déconcertant, une sérénité imprévue, une aventure entièrement nouvelle. Mon but est de redécouvrir ces états qui résultent d'une tendance affective durable, liés à des émotions, des réalisations et des sensations faisant partie du domaine de l'âme humaine.

Dans un monde artificiellement politisé, mondialisé et médiatisé où *l'ironie masque l'incapacité d'aimer ou de croire en quoi que ce soit*, il est périlleux d'affirmer sa foi en une vie intérieure qui n'est soutenue par aucune religion établie, une vie qui serait tout simplement la fonction naturelle de l'être humain. J'ai la vision d'un univers dans lequel je pourrais avoir la connaissance des énergies invisibles qui soutiennent mon existence. J'imagine un monde paisible et abondant dans lequel tout le monde pourrait vivre dans une harmonie de gratitude et de compassion pour la Terre qui nous porte. Je crois que je ne suis pas le seul. Je crois que je ne suis pas fou de résister à l'idéologie ambiante du matérialisme exacerbé des croyances sectaires avec leur compétitivité forcenée, leur stress pathologique et leur désespoir chronique. Mes guides m'ont enseigné que la solution aux problèmes de l'existence réside dans la diffusion des joies de l'Âme Universelle. J'ai la ferme conviction que d'entendre parler *librement* des qualités sublimes de l'Être Infini soulage le cœur et l'esprit toujours affligés par les maux de la matière et qu'en définitive, aucun moyen d'échapper à la souffrance n'est plus simple et plus profitable.

3

Le goût d'un bonheur sublime

« Qu'y a-t-il dans un poing fermé

sinon du vide et du néant ? »

Pourquoi le bonheur semble-t-il toujours me fuir? Pourquoi ne suis-je jamais rassasié, jamais satisfait? Pourquoi suis-je constamment troublé, avide d'autre chose, sans cesse à la recherche d'un contentement que je ne parviens pas à trouver? Pourquoi lorsque je rencontre le bonheur, je n'arrive pas à le garder?

Plus je parviens à accumuler de biens et plus j'en désire. Plus j'obtiens le succès social et plus ce succès me semble insignifiant. Il me faut toujours plus de richesses. Je ne suis jamais assez célèbre, jamais assez riche. La personne avec qui je vis n'est jamais assez belle, jamais assez brillante. Il me faut toujours trouver quelqu'un d'autre. La maison, le logement, le pays où je réside ne sont jamais assez bien situés. Mon travail, l'entreprise que j'ai fondée ou celle qui m'engage, les résultats de mes efforts, ne sont jamais à la mesure de mes aspirations. Est-ce là vraiment la nature de l'être vivant, illusionné, conditionné par le temps, quel que soit son champ d'activité? Pourquoi mes succès mondains et les plaisirs forcément passagers qui y sont reliés sont-ils incapables de me combler entièrement?

Le plaisir existe sur Terre mais il est amer *parce qu'il a un début et une fin.* Mon âme est éternelle et elle a besoin d'un bonheur *illimité,* d'un plaisir absolu. Comment dès lors une quelconque réussite limitée dans le temps pourrait-elle satisfaire pleinement ma quête? Qu'elle est ma véritable identité? Il est absurde que je ne sois qu'un morceau de chair pouvant s'éteindre à jamais au moindre accident. Je suis un fragment d'éternité, une parcelle divine. Mon intellect le nie parce qu'il se sent dépassé, mais mon cœur le sait. Je sais que cette proposition n'est pas raisonnable. Mais oublions notre raison pour un temps. Regardons les étoiles. Demandons à notre cœur ce qu'il en pense…

Plus je recherche le bonheur sur le plan économique, politique, sociologique ou écologique, en niant ouvertement la présence de l'élément divin et moins je le trouve, car tous ces plans dépendent éventuellement de la force vitale qui anime la matière. Quand je cherche d'abord le Royaume de cette force, un bonheur simple m'est donné naturellement, de surcroît, car l'âme n'a pas besoin de beaucoup pour être heureuse. Lorsque je fais semblant d'ignorer mes sentiments profonds, je m'agite en tous sens sous l'influence des grands systèmes d'exploitation mis en place précisément pour me tenir éloigné de ma vraie identité cosmique. Invariablement, je reste déçu et frustré de m'être encore laissé berner par des valeurs que je sais, par intuition, ne pas être en harmonie avec mon être véritable. Plus ma partie divine est oubliée et moins je suis en mesure de rencontrer un bonheur durable.

Étant naturellement limités, les projets de vie qui ne considèrent pas l'ensemble de la vie sont incapables d'abreuver ma soif d'infini. Le problème est que je cherche mon seul intérêt au lieu de rechercher un intérêt global. Pourtant, un lien fraternel relie toutes les âmes entre elles. Par ailleurs, comment puis-je voir Dieu si je ne reconnais même pas en moi-même la présence de l'âme? Ce dont j'ai le plus besoin, c'est peut-être de prier pour le bonheur de toutes les âmes et d'agir en toute simplicité au plus près de ma conscience. J'ai un besoin urgent de ce genre de plaisir sublime. Le bonheur illimité existe. Il se trouve dans la beauté et dans le désintéressement propres aux régions du cœur. Là, à l'intérieur, se trouve un domaine inexploré. L'intelligence de l'univers est présente même dans les pires moments. C'est notre Mère, notre Dame Cosmique qui se joue de notre intellect blasé et de nos tristes arguments logiques. Cette énergie d'amour infini n'est pas totalement impersonnelle. Elle apparaît parfois sous les traits magnifiques d'une *Vierge Marie*, manifestation de l'aspect féminin de l'infini; elle apparaît aussi sous le nom de *Râdhâ*, personnification du pur amour et de la compassion. Elle attend l'instant où elle pourra réellement venir en aide. Elle se tient prête. Chacun reçoit selon sa confiance, selon son intention de témoigner de la présence lumineuse en toute chose. Là se trouve l'état de bonheur permanent. Cet état vient avec la guérison, avec la transformation du cœur qui est une transmutation, une conversion naturelle.

Qu'elle se présente sous une forme ou une autre, la force divine attend le jour où je vais sincèrement me tourner vers sa beauté incomparable. Cette force est inconcevable pour la raison qui ne perçoit que les gains et les pertes des plans de la réalité relative. J'ai besoin d'ouvrir mon cœur et de me mettre à pleurer; j'ai besoin de libérer mon *subconscient* de toutes ces émotions toxiques accumulées depuis si longtemps. Me refermer sur moi-même ne m'aidera pas. Serrer les dents et serrer les poings ne m'aideront pas. Qu'y a-t-il dans mon poing fermé sinon du vide et du néant? Une main ouverte peut par contre récolter tous les joyaux de la Terre et du Ciel.

La manière dont fonctionne les choses (de la biologie à l'astrophysique), semble indiquer qu'au lieu de vouloir devenir seigneur et maître de ce qui nous entoure, il s'agit plutôt de s'adapter à l'harmonie de l'ensemble en développant une attitude de disponibilité, d'assistance, une disposition à rendre service. Il y a alors une concordance, une homogénéité entre les éléments d'une unité. Un phénomène d'eurythmie se produit, entraînant un mouvement de concorde, d'entente, de sympathie, de paix et d'union. C'est lorsque je me mets au service de l'ensemble des choses que je suis élevé, grandi, transporté sur un plan que je ne pouvais pas jusque-là concevoir. Comme chaque planète se met au service du système solaire, chaque cellule se met au service du corps. Cela se fait spontanément, librement, volontairement, sans pression sociale ou manipulation artificielle, sans sectarisme, en toute simplicité. La nature me montre la voie du bonheur et si j'ai malgré tout le désir que tout se plie à ma volonté sans tenir compte des existences qui gravitent avec moi dans l'univers, il me faudra alors descendre vers des régions plus basses, plus lourdes, et être satisfait avec l'état douloureux dans lequel je me trouverai.

Si je veux vivre dans le domaine du bonheur, je vais être invité à *servir*; ce qui ne signifie pas tomber en servitude. Servir librement est amour, joie, don, offrande, rire, sentiment, extase. En donnant, je deviens gagnant; en extorquant je suis perdant. Service n'est pas servilité. En exploitant un employé, un entrepreneur peut ressentir une certaine satisfaction en apparence, mais dans son for intérieur se développe la maladie du doute. Il ressent que quelque chose ne fonctionne pas et inconsciemment il sait qu'une réaction saura tôt ou tard le trouver et que cela sera extrêmement désagréable. Cette mauvaise impression hante sa conscience. Mentir, voler, sont des choses qui procurent peut-être une sorte de jouissance, toutefois une plus grande joie est ressentie par celui qui donne par générosité. La *qualité* entre ces deux sortes de contentement n'est pas la même.

De même qu'il existe différentes conceptions du bonheur, il existe aussi différents plans d'existence. Le plan de vie du service spontané correspond à la vie spirituelle. Le plaisir y est intense, incandescent. Sur ce plan, tout existe pour le plaisir de l'Être Absolu.

Et qui est Dieu? Ce n'est pas notre fournisseur de marchandises. Prier Dieu dans la maladie ou dans la pauvreté et l'oublier dans la santé et la richesse n'est pas nécessairement une attitude favorable à la reconnaissance de Ses pouvoirs surnaturels. Il est dit que les anges approchent la divinité pour elle seule, sans motivation personnelle. Ils savent que ce qui semble bon sur le plan de la vie humaine ne l'est pas forcément dans une perspective de vie divine. Qui a dit que les anges n'existent pas? Et si on *croit* qu'ils n'existent pas, pourquoi ne pas *croire* qu'ils existent?

La rencontre avec ma partie divine ne me retire rien. Progressivement, presque miraculeusement, la joie surgit, plus ardente qu'aucune joie jamais ressentie auparavant. C'est le signe que je suis sur la bonne voie. En apparence, je me détache de vieux concepts et de toutes sortes de préjugés liés au matérialisme ambiant, pourtant, dans un sens plus large, j'opte pour quelque chose de bien plus grand. Je gagne la saveur de l'Absolu. Je récolte en secret la liberté, la guérison de l'âme.

Sans cette saveur, m'entourer de toutes sortes d'objets techniquement sophistiqués ne servira à rien dans ma quête de plaisir; je serai toujours déçu et mécontent. Sans cet attrait pour l'ami véritable, ce divin qui est tout y compris soi-même, ma vie est inachevée, inaccomplie. Quel accomplissement pourrait alors me satisfaire? Je sais que les réalisations matérielles sans fondement spirituel ne peuvent m'apporter la plénitude. Le corps sans l'esprit est une coquille vide. L'esprit sans la conscience s'agite pour rien. La conscience sans amour est un océan d'ennuis et de tristesse. *Être heureux est mon droit divin.* Mon devoir humain est de progresser d'un état d'insatisfaction chronique à un état de plénitude permanente. Je ne désire plus me fondre dans le vide de la non-existence en réaction aux souffrances de l'ego humain.

Le non-être et le non-agir me paraissaient spirituels lorsque naïvement je voulais fuir le monde. Mon âme est éternelle parce que mon bonheur est éternel. Elle danse sur le sentier des actions sans réaction. Ma libération est de me fondre dans un service d'amour, en harmonie avec le moi divin.

C'est ainsi que je suis heureux. C'est ainsi que je suis. Il est doux de savoir où se trouve son véritable intérêt. Tel est le fondement de ma quête : la progression du bonheur n'est possible qu'avec la naissance et le développement d'une vie divine dans les arcanes de l'âme humaine. Un bonheur simple sur le plan externe, mais vibrant d'une vie intérieure intense. Le mieux-être, dont on fait grand cas aujourd'hui, ne peut être le fruit d'améliorations faites uniquement au niveau écologique, économique ou psychologique. Ces plans de vie sont, bien entendu, extrêmement importants et ne sauraient être laissés pour compte. Il n'est pas dans mon intention de les dénigrer, bien au contraire. Toutefois, il me semble qu'ils ne sont que les sous-produits d'un plan beaucoup plus vaste, essentiellement commun à tous les êtres et qu'on pourrait nommer *divinologique.* Sans vie intérieure, pas de bonheur ou d'économie durable. Chercher le mieux-être en dehors de Dieu, c'est chercher l'eau dans un désert; on en trouve, mais cette eau n'a pas la liberté d'assouvir notre soif de bonheur absolu. Par ailleurs, chercher *d'abord* le bonheur dans les dimensions divines du cœur, revient à puiser à la source intarissable de millions de fontaines limpides.

4

L'opulence de l'autonomie

« Aucune Église, aucun prêtre, aucun maître,

aucun guide, personne ne peut faire le chemin

à ma place »

Derrière la façade de la prospérité et du matérialisme ambiant, je nage aujourd'hui en pleine déprime. Je croyais au développement économique, je croyais en la matière. Je ne croyais qu'en ce que je voyais. Je sens pourtant confusément qu'il existe un malaise. Il m'est devenu difficile de vraiment *croire* en Dieu. Mon esprit est confus, criblé de toutes sortes d'informations contradictoires. La surconsommation compulsive, la performance et l'appât du gain m'ont mené à un vide existentiel. M'évader dans le monde factice du divertissement frénétique ne me suffit plus et je me pose cette question personnelle, presque évangélique : à quoi sert de gagner le monde s'il faut perdre son âme? C'est-à-dire *quel intérêt y a-t-il à vivre dans un des pays les plus riches de la planète si c'est pour vivre dans l'angoisse?*

Plus les gens deviennent prospères *artificiellement*, plus les signes d'anxiété se manifestent. Et cette épidémie de dépressions, de stress et de confusion mentale donne lieu à toutes sortes de débordements. Parce que j'aspire désespérément à trouver un sens à la vie, je suis prêt à tout sacrifier pour la carrière, le plaisir du corps, la drogue, l'alcool. Je fais cela afin de soulager mon malaise intérieur, mon mal de vivre. Il ne s'agit pas d'un mal mental ou physique. C'est plus profond; *il s'agit d'un mal spirituel.*

Le vide existentiel du postmodernisme m'a rendu sourd. Je n'entends plus la musique du Dieu universel qui se situe au-delà des intérêts dogmatiques. Le cynisme paralyse ma conscience. C'est une névrose mondiale. J'ai besoin d'un soulagement. Pour l'essentiel, l'urgence serait de retracer la dimension ésotérique de ma vie. Je voudrais redécouvrir la magie de la certitude. Je voudrais recouvrer *la foi.* Pas une foi qui serait encore réduite à la dévotion servile d'un mythe monothéiste. Je voudrais démasquer une foi qui serait le fruit d'un voyage intérieur. *Quelque chose de vrai* qui proviendrait d'une curiosité sincère, d'une sympathie authentique pour les sujets qui traitent de la transcendance.

La foi est un attrait, une inclination, un penchant naturel, un attachement pour le Divin. J'ai la foi quand je suis séduit, captivé, charmé, fasciné par la divinité. Cette attraction intérieure fait partie des choses pour lesquelles il m'est important de vivre. Ma foi a été enfouie sous les décombres des promesses non tenues et piétinée par l'arrogance des hommes. Pourtant, comme une fleur immortelle, elle fait partie de ma nature profonde. Sans elle, la vie s'étiole et l'enthousiasme se fane. La certitude de l'existence de l'âme est une énergie plus simple et plus accessible que je ne l'imagine. Elle opère des miracles.

L'école de la vie est étrange et magnifique puisqu'en dernière analyse c'est vers *la foi en la force de la douceur et de la beauté* qu'elle me dirige. La foi ouvre sur l'amour, énergie mystérieuse qui, si on la laisse circuler librement, mène vers la conscience de l'amour suprême. Au centre de cet amour, toute angoisse disparaît. Touché par cet amour, le cœur s'ouvre sur l'immensité *jusqu'à s'accommoder même de son propre ennemi*... Aimer mon ennemi, lui pardonner vraiment, comprendre sa position, lui envoyer des pensées aimantes, voilà quelque chose qui me fait réellement du bien. Mon ennemi s'en porte si bien qu'il en devient presque mon ami. Sans le savoir, il m'aide à purger d'anciens *karmas (réactions à des actions passées)* et à agrandir ma tolérance, attitude essentielle pour neutraliser tout ce qui crée mon malheur.

Chercher à retrouver ses racines célestes ancestrales est un acte qui s'inscrit dans le mouvement de l'amour divin. Cet intérêt génère certaines qualités. Lorsque suffisamment de ces qualités ont été accumulées dans la conscience, le plan divinologique se manifeste de lui-même directement dans le cœur. Cela se fait parfois d'une manière fort simple. Les gens vivent toutes sortes de phénomènes, mais en général, il n'y a rien d'extravagant. Il peut y avoir des *guérisons spontanées.* Ou alors, on peut se retrouver soudain dans la position où il est possible de percevoir la beauté et l'énergie des choses. Une petite semence commence à germer. Tous les doutes sont réduits à néant et l'énergie libérée est considérable, colossale; néanmoins tout se passe à l'intérieur.

Étant par nature farouchement individualiste, je sens que ma relation avec Dieu est unique. Celle de mon voisin est unique. Chaque être est un fragment divin qui perçoit la divinité de façon unique et *irremplaçable.* C'est dire que mon sentier vers la lumière ne ressemble à aucun autre, qu'il m'est propre et que j'y suis seul. C'est un face à face. Même s'il est bon et nécessaire de s'associer avec des âmes qui suivent la même étoile, aucune Église, aucun prêtre, aucun maître, aucun *guide*, personne ne peut faire le chemin à ma place. Je ne peux compter que sur mes propres qualités. Voilà mon indépendance, ma liberté, mon autonomie spirituelle. J'administre librement ma conscience. Je suis aidé, je suis guidé, je suis initié aux mystères, mais j'avance seul, et je fonde mon comportement sur des règles que je choisis librement. *Je suis responsable du destin de mon âme.* Si l'ouverture de ma conscience dépend de la grâce du Ciel, j'accomplis mon service terrestre de la manière la plus indépendante.

Cette autonomie spirituelle est essentielle puisque la crédibilité des Ordres religieux, en Orient comme en Occident, a été gravement et durablement endommagée. Que ressort-il des secousses terribles de ce socio-séisme? Les comportements déviants du clergé ou du brahmane m'ont en réalité permis de remettre l'Être Absolu à Sa vraie place, c'est-à-dire dans ma conscience, *dans mon cœur.* Quand l'église paroissiale n'est plus un lieu saint, quand le temple de Krishna n'est plus un sanctuaire, quand la synagogue n'est plus un lieu de recueillement, quand la paisible mosquée s'agite de discours politiques, que reste-t-il? Où mon âme assoiffée peut-elle se rendre pour poser son front sur les pieds de son Seigneur? En elle-même…

Comme le feu renaît parfois de ses cendres, la pensée divine réapparaît spontanément au moment où on l'attend le moins. Je ne crois plus à la religion? Tant mieux ! Je trouve alors mon propre équilibre, je fais mes propres offrandes, mes propres rituels, je chante mes propres prières. Comme rien ne m'est dicté, rien n'est forcé, tout est sincère. L'énergie divine qui circule dans le cœur guide l'âme avec une efficacité et une rapidité fulgurante. Je n'ai plus la foi dans les maîtres? Tant mieux. Je dois alors chercher et vraiment désirer en rencontrer qui soient *réalisés.* Je suis digne des êtres que je rencontre... *Si j'aspire de toute la force de mon âme à croiser la route d'un maître mis en pouvoir par les puissances d'En-Haut, rien ni personne ne pourra faire obstacle à une telle rencontre.* Elle aura lieu, j'en suis convaincu. Mais même un tel guide ne pourra rien faire à ma place. Je suis le maître de ma destinée.

Être protégé divinement ne dépend pas uniquement de la Substance Infinie Globale, Dieu, l'Être Absolu. Il s'agit d'un acte volontaire qui appartient surtout à la substance infinitésimale, l'âme spirituelle, c'est-à-dire nous-mêmes. La protection divine ne provient pas arbitrairement d'un Être Suprême caractériel et capricieux, muni d'une longue barbe blanche et assis éternellement sur un trône de nuages lumineux, entourés de charmants angelots dodus... La protection qui nous occupe ici est une décision prise librement, en toute connaissance de cause, et qui concerne l'âme individuelle elle-même.

Il est exact de penser qu'en dernière analyse la Mère Divine nous protège, cependant Elle le fait en fonction des qualités particulières que Ses enfants veulent bien développer. *Protège-toi et le Ciel te protégera,* pourrait-on dire. Nous portons la responsabilité de cette protection et nous sommes également responsables du fait de ne pas en bénéficier.

Au sein du feu, l'étincelle se trouve parfaitement protégée. Qu'elle décide de le quitter et bien vite sa chaleur et sa lumière s'éteindront. Dans le sein de l'océan, une goutte d'eau ne peut s'évaporer. Ainsi, l'étincelle divine qui se sépare de Dieu connaît toutes sortes de difficultés, et cela n'a absolument rien à voir avec une religion quelconque. Il s'agit plutôt de la nature même des individus et qu'ils soient athées ou croyants ne change rien à l'affaire.

Séparée de ses racines divines ancestrales, l'âme incarnée dans la matière est confrontée à trois formes de souffrances. Celles qui proviennent de son propre corps et de son mental, celles qui sont générées par d'autres entités (hommes animaux, insectes, bactéries), et celles qui viennent des mouvements de la nature (tremblements de terre, ouragans, ras de marées). Ces difficultés existent dans le but de lui rappeler que sa demeure originelle est ailleurs. Pourquoi devrait-elle encore ignorer l'atmosphère paisible du Royaume multidimensionnel de son Père Infini? Elle peut choisir de réintégrer sa dimension transcendantale et décider de son sort. Elle possède cette liberté. *Elle a le pouvoir de choisir.*

Chercher à être protégé par un système artificiel est encore une activité animale. L'essence de l'autonomie humaine passe par l'extinction de la peur. *Lorsque je n'ai plus peur, je n'ai plus besoin de protection.* La lutte pour l'existence cesse. La société dans laquelle nous vivons aujourd'hui cherche à tout prix à nous protéger pour mieux nous contrôler, pour mieux nous exploiter. C'est une forme d'acharnement sécuritaire. Cette sécurité est artificielle. Non fondée sur la sainte unité de l'être vivant, elle est fragile et peut s'écrouler à n'importe quel moment.

L'assurance d'être ainsi protégé disparaît au moindre krach financier.

La vraie protection est en fait une réintégration de l'étincelle divine dans le sein de la divinité. En tant qu'essence même de l'autonomie humaine, elle enseigne que toute épreuve, quelle qu'elle soit, n'est qu'une occasion de grandir et de réaliser l'inconcevable potentiel divin qui sommeille en chaque parcelle de vie.

Mon autonomie est sacrée. Je suis ma propre autorité. J'accepte comme maître qui je veux et personne ne m'impose sa vérité. Cependant, cette liberté a un prix : *je ne peux plus rendre les autres responsables de ce qui m'arrive ou de ce qui m'est arrivé.* Je n'ai plus vraiment à pardonner puisque je ne mets plus la faute sur personne. Je me libère ainsi du cortège des condamnations et des jugements. La guerre intérieure est finie. Les attachements se dénouent. Je n'ai pas non plus à réaliser de grands projets en un temps record. Je me détache des résultats. Libre du passé comme du futur, je suis le souverain de ma vie. Ma partie divine bénit l'existence, avec son inévitable lot de douleurs et de plaisirs, car elle pressent qu'en elle-même se situe la racine de tout ce qui se manifeste sur l'écran de sa vie. Mon unité implique que j'accepte d'être à l'origine de ma souffrance comme de mon bonheur. Plus rien n'est la faute des autres. Je récolte simplement ce que j'ai pu semer dans cette vie ou dans celles, nombreuses, qui l'ont précédée. Je jette aux oubliettes la culpabilité et j'accueille avec enthousiasme l'épreuve puisqu'elle représente l'unique opportunité de tout transformer en moi en faisant le grand ménage. Je suis libre.

5

Tout est divin

« Une vie n'est que la préparation de la suivante et le résultat de celle qui vient de s'écouler »

On parle de Dieu, mais de quel *Dieu* s'agit-il? Si Dieu existe, d'où vient le mal? Les calamités et les désolations sont-elles envoyées par Dieu? Si Dieu est supra conscient, pourquoi souffrons-nous à ce point? Ces questions légitimes me font penser à une amie que j'ai connue à Londres il y a vingt ans. Sa famille était catholique, la famille de son mari était musulmane, nombre de ses proches étaient juifs et quelques-unes de ses connaissances étaient hindoues. Alors? Devait-elle se mettre à ne plus les voir? Au nom de quel Dieu? Il était clair pour elle que nous cherchions tous le même Absolu. Elle désirait *plus* qu'une religion. Elle exigeait des *outils d'élévation de conscience.* Elle voulait faire de Jérusalem un temple de paix universelle, une terre accueillante pour tous les croyants. Elle voulait faire du Cachemire un jardin d'abondance pour tous les chercheurs en quête d'infini. Elle n'avait pas tort.

Mon âme a soif. Elle cherche la Source Divine. Elle sait que la nation n'est rien, que le drapeau n'est rien, que la religion n'est rien aux yeux de Dieu. Seul compte le cœur de l'être humain. La cause de mon mal de vivre n'est pas externe mais interne. Le mal n'est pas extérieur à moi; il est intérieur et vient de moi-même. *Il ne vient pas des autres. Il ne vient pas des circonstances.* Lorsque je me situe sur les plans les plus hauts de ma conscience, je ne trouve aucune raison de critiquer quoi que ce soit. Je ne me plains plus. À mes yeux, tout est devenu parfait. Je ne trouve aucun sujet de lamentation. Lorsque (le plus souvent) je m'identifie à mon ego humain, alors tout me paraît médiocre, défectueux. Je critique tout, je deviens envieux de tout le monde. Je souffre et me lamente. Les gens qui m'entourent me trouvent alors arrogant, prompt à la critique, désagréable, antipathique, odieux... et ils ont parfaitement raison!

Par contre, lorsque je réalise à quel point tout est à sa place dans l'univers, je suis déjà, me semble-t-il, ici même sur les plans de la transcendance. Mon environnement n'est pas mon ennemi. Je peux détecter une sorte de grâce en toute chose. Quoi qu'il m'arrive d'heureux ou de malheureux, je tente à tout prix de localiser cette grâce. Même si ce qui m'arrive est extrêmement fâcheux, j'essaye (au mieux de mes capacités), de ne pas me laisser désorienter, de ne pas être totalement désappointé ou découragé par les événements. Cela devient à la longue une sorte de pratique. Tout doucement, il me semble que mon destin s'améliore. Je vois les choses différemment. Parfois, les épreuves emportent tout... C'est une faillite, un accident, une séparation, la maladie. Je m'entraîne à penser que *c'est encore la Providence qui m'inflige certains revers qui s'avéreront, d'une manière ou d'une autre, bénéfiques et salutaires.* Ce que je percevais comme une malédiction s'est, quelques années plus tard, révélée être une bénédiction.

Même si je suis aveugle et incapable de m'en rendre compte, quelque chose au fond de moi sait que tout est le fruit de la force divine. Quand je pense que Dieu est mon ennemi et qu'Il m'envoie des catastrophes par plaisir, mes yeux s'emplissent comme d'une poussière, et tout va de plus en plus mal. Si je me mets à penser que tout est divin, que tout ce qui m'arrive est la grâce d'une intelligence qui me dépasse, le regard négatif que je portais sur les événements se volatilise, mon aveuglement se guérit et je m'aperçois que j'existe dans un monde absolument merveilleux. Il y a une raison invisible à toute chose, bonne ou mauvaise. Et cette raison est de me *libérer graduellement de toutes les attaches qui me retiennent prisonnier de la douleur du temps,* c'est-à-dire du cercle infernal des morts et des renaissances.

Tout se passe comme si l'épaisse couche de désirs égoïstes qui recouvre mon cœur m'empêche d'avoir une juste estimation du monde dans lequel je vis. *Je désire que la nature, la société, les êtres et les choses qui m'entourent se plient à ma volonté* : voilà ma douleur, voilà ma grande frustration, ma colère et ma maladie. En fait, voilà mon *péché originel.*

Ce qui me ramène à Dieu et à cette question lancinante : de quel Dieu s'agit-il? Est-ce bien sérieux de poser une telle question? Il ne peut y avoir plusieurs Dieux... Il s'agit toujours de l'Unique, le Maître du cœur. *Tout est Dieu parce que tout est énergie de Dieu*; au niveau absolu, l'énergie et la source de l'énergie ne sont pas différentes. Quand on parle de *Dieu*, on parle de la vérité ultime, au-dedans comme au-dehors, dans le mobile comme dans l'immobile, *Cela* qui dépasse le pouvoir de perception des sens physiques et transcende la compréhension du mental. Ce qui est très proche et en même temps infiniment loin. *Dès que l'âme se voit elle-même, elle voit Dieu.* À partir de là, le mot *Dieu* devient de moins en moins rigide. Tout se fluidifie.

Si je suis le corps physique, je vais mourir et cela n'est pas une bonne affaire. Si je suis l'âme, je suis Dieu (en petit), et j'ai le potentiel inouï de développer les qualités de la divinité; c'est une offre exceptionnelle! Si je me sépare du Tout Absolu, je perds du même coup ma divinité, comme une étincelle perd sa chaleur et sa lumière en se séparant du feu. À ce point, les problèmes commencent. L'accès au monde divin m'est refusé. Je suis parti, j'ai quitté Dieu, je me suis plongé moi-même dans la confusion.

Au sein du monde humain, je me vois offrir la possibilité d'agir dans les cadres de l'univers matériel et de me préparer à retourner dans le monde divin. *Tout cela se passe dans la conscience.* Je suis un être de nature divine mais ma rébellion me force à me soumettre aux douloureux conditionnements de la vie humaine. Pourquoi cette tendance rebelle? Je ne sais plus. Mais il y a en moi le *Maître caché*, le Maître du cœur, et Lui sait comment et pourquoi cela s'est produit, pourquoi tout cela est arrivé. Il connaît aussi la souffrance que je dois endurer inutilement quand je mène le dur combat pour ma subsistance alors que je me crois seigneur de tout ce qui est en constante mutation autour de moi. Lui, Il sait que tout est divin, mais moi je ne m'en aperçois même plus. Je suis dans *cela qui n'est pas*, l'illusion, la grande *maya.*

Guérir de cet aveuglement m'ouvrirait les yeux. Le monde est harmonieux puisque tout est l'effet, plaisant ou sordide, d'une cause et que cette cause est *en moi-même.* Le mal, la guerre, les pénuries, les grands désastres, les épidémies, tout cela ne vient pas de l'Infini. Ces choses représentent les effets dramatiques d'une cause. Je vais trouver cette cause dans les archives de l'humanité. L'opulence, la santé, la paix, la prospérité trouvent aussi leurs origines dans nos actes. Le principe *Dieu* n'est ni bon ni mauvais. *La loi de cause à effet existe et tout ce qui m'arrive dépend de cette loi et de cette intention.* La loi de la rétribution est parfaite. Je perds mon temps et mon énergie à la croire injuste. Les apparentes injustices viennent-elles d'une cause passée ou existent-elles en vertu d'une raison future? Les deux à la fois. Quoi qu'il en soit, ce qui importe est de percevoir à quel point l'échec matériel est le pilier du succès spirituel et que ce *succès* provoque à terme la réussite de l'être total, dans cette vie comme dans les suivantes, sur tous les plans, matériels comme spirituels.

J'apprends à être heureux avec ce que je me suis moi-même programmé dans le passé et si la situation me déplaît dans le présent, je fais le nécessaire pour améliorer le futur. Accuser la volonté divine ne m'aidera pas. Pour les grandes choses, il faut attendre. Mais les résonances des petites choses sont quasi immédiates. Je peux transformer mon cœur *sur le champ*, simplement en affirmant à haute voix mon désir de le faire et, sans rien dire à personne, maintenir cette vision. Très vite, le monde autour de moi change à son tour comme un écho. C'est garanti. Je me sens déjà mieux.

C'est mon ego humain qui crée le problème. C'est lui qui est stressé, tendu et pessimiste. Mais je peux changer cette polarité. J'ai le pouvoir d'aller vers mon *moi divin.* L'âme est optimiste, souriante et légère. *Elle est Dieu en miniature.* Dès que je m'identifie à l'âme, les drames de l'ego commencent à perdre de leur emprise. Ma tendance est de vouloir changer ce qui m'entoure. Si chacun fait ce que je lui dis de faire, si mes ordres sont accomplis, si tout est disposé selon mon bon plaisir, si toute chose m'obéit, *alors* je serai heureux. Ça fait beaucoup de conditions... C'est exactement l'attitude opposée que je dois cultiver. C'est le contraire qu'il est urgent que je fasse, qu'il est crucial que je mette en pratique. Pour ma santé physique et pour le bon équilibre de ma psyché. Et aussi, et surtout, *pour le bonheur des âmes qui me sont proches et qui me sont chères.* Pour l'amour du monde et pour l'amour de Dieu. Le corps, ainsi que tout ce qui s'y rattache, est voué à la mort. Ce qui est né doit mourir. C'est pessimiste, j'en conviens. Pourtant, cet apparent pessimisme matériel débouche sur un optimisme spirituel. Lorsque l'ego humain disparaît avec le corps, la force vitale (le moi divin), survit à la dissolution de la matière et poursuit son exploration de l'univers. Une vie n'est que la préparation de la suivante et le résultat de celle qui vient de s'écouler.

Quelle bonne nouvelle! Tout peut être complètement dédramatisé, l'angoisse peut être désamorcée. Tout est divin. Ma chance de passer les épreuves, c'est d'y détecter la main invisible d'une force transcendante, cause de toutes les causes. En gardant cette vision, je ne m'oppose plus aux vagues de l'existence. Et même si tout est emporté, détruit, noyé, calciné, je dis encore... *merci.* Je tente de tolérer cette destinée. J'en suis le créateur et il est en *mon* pouvoir de tout transformer, de tout allumer ou de tout éteindre. J'aime alors mon destin parce que, d'un seul coup, je comprends ce qui m'arrive. Le synchronisme entre l'être humain et le divin est activé. Et je réalise alors pourquoi, si on me vole ma chemise, je pourrais donner aussi mon manteau. Je pourrais tendre la joue gauche si la droite est frappée. *Tout est divin.* Je suis libre. Je suis devenu mon propre pardon. Je suis prêt à honorer mes voisins, même s'ils sont étrangers, mes confrères de travail, les membres de ma famille, tous les gens que je rencontre, ceux que je croise dans la rue, les arbres de la forêt, les fleuves et les rivières, les animaux, les oiseaux, les insectes, les bactéries. Rien n'est laissé au hasard. Je lâche prise. Tout apparaît comme interconnecté.

Ma vision est semblable à une petite plante. Si j'oublie de l'arroser, si je l'ignore et que je la laisse s'étioler dans un coin sans lumière et sans air, elle meurt et retombe en poussière. Alors, je la cultive. Je la soigne, je lui parle, je la nourris. De cette manière, dans cette vie même, *sans rien changer à ma situation ou à mon activité*, j'atteins avec le moins d'efforts possible et en très peu de temps, les jardins infinis des royaumes de lumière. Tout va bien. Ce qui est une catastrophe ou une ruine pour l'ego extérieur (très éphémère, quelques décennies, tout au plus) se manifeste comme un bienfait pour le moi divin (éternel, sans début ni fin). Ce qui est favorable au moi divin s'avère avec le temps être une faveur pour tous les niveaux de l'être vivant, y compris le plan externe. Réjouissons-nous.

6

Les facultés du cœur

« Dieu laisse à Ses fragments un total libre arbitre; je suis le dirigeant de ma propre existence, pour le pire ou pour le meilleur »

Comment envisager aujourd'hui la relation qui m'unit à l'Absolu? Où pourrais-je me renseigner pour recevoir des informations qui m'aideraient à traverser les épreuves de ma vie? Suis-je *abandonné* à Dieu lorsque je considère que je n'ai pas le pouvoir de diriger mon existence? Suis-je *soumis* lorsque je pense que Dieu va pourvoir à tout, qu'il va s'occuper de tout et que je n'ai plus rien à faire, plus rien à organiser, plus aucune décision à prendre? Quelqu'un a-t-il déjà accepté une idée pareille? Ce qui serait passionnant, ce serait de *lâcher prise par rapport à mes intérêts égocentriques.* Un petit circuit intégré a de la valeur quand il remplit son rôle, bien à sa place, au sein d'un logiciel. Séparé, déconnecté, à quoi pourrait-il bien servir? Une branche coupée peut encore vivre sur ses réserves quelque temps, et puis elle meurt, on la jette au feu. Mon âme se sent un peu comme une branche qui voudrait se rattacher à l'arbre de la vie divine. Une fois incorporé, relié de nouveau à la source de la vie et du plaisir, je deviens vraiment responsable de mon destin. *Dieu est un berger qui ne désire pas s'occuper de moutons serviles.* Il ne se manifeste pas dans l'esprit des irresponsables. Il veut des solidaires qui tentent ensemble de sincèrement redresser leur attitude de résistance par rapport à l'harmonie universelle.

C'est pourquoi Il laisse à Ses fragments un total libre arbitre. Dieu est *libéral*, c'est-à-dire généreux, large, prodigue. Il ne fait rien à ma place; je suis le dirigeant de ma propre existence, pour le pire ou pour le meilleur, encore une fois.

Sous l'aspect d'Âme Omniprésente, l'Être infini ne peut pas être extérieur à moi. S'il est en dehors, Il est également en dedans. Il dirige mes errances en me donnant le pouvoir d'accomplir mes volontés. Je n'ai rien à Lui demander. Il sait déjà tout. J'ai juste à coopérer, à m'associer avec Lui. *Le service est mutuel parce que l'énergie circule dans les deux sens.* Je peux prendre la responsabilité de ne plus être l'esclave de l'ego temporaire et travailler avec l'ego éternel, fragment spirituel pétri du bonheur des mondes édéniques. Servir Dieu, c'est être en sympathie avec le moi divin. Dans un service d'amour, le serviteur profite des mêmes facilités que le maître. Le Christ, prophète du Père Infini en Palestine ou l'avatar Chaitanya Deva, prophète de l'amour divin en Inde, ne viennent pas en servis mais en serviteurs.

Je participe de l'Absolu. Il y a *participation.* Je prends part au destin qui est le mien. Le résultat de mes actes ne dépend pas uniquement de l'Âme Suprême, mais aussi de mes efforts. Si mon existence dépend de mes actes, alors je me retrouve *en association de participation avec le divin.* Agir pour le *compte commun* ouvert entre Dieu et moi; et si c'était ça, s'abandonner à Dieu? Servir la divinité n'est pas l'asservissement, la contrainte ou l'oppression qu'un esclave connaît dans la matière. Dans le ciel psychique, il n'y a pas de chaîne; s'il y a service, la notion de servitude y est différente. Il y a amour, affranchissement, autonomie, émancipation. Ce qui m'intéresse, c'est de *collaborer avec le divin,* ici même, concourir à la marche de ma vie, m'immiscer dans le processus de création de mes conditions de vie, intervenir directement dans la direction de ma destinée.

Par mon attitude générale, je voudrais appuyer l'énergie divine, l'assister, l'aider à faire de moi un être parfait. Avec elle, je fais cause commune, nous sommes des alliés, des associés. Attention : nous ne sommes pas des *partenaires identiques.* Dieu a conscience des émotions de tous les êtres vivants dans la création. Je suis tout juste conscient des miennes… Il gère la manifestation cosmique avec éclat. Je gère ma vie avec prudence. Il est grand et je suis petit. Sans moi, la création existe quand même. Sans Lui, rien ne se manifeste. Toutefois, par ma volonté, mon désir spontané de renouer des liens, je contribue à Sa création, je Lui fournis l'indispensable convoitise divine sans laquelle le Seigneur ne peut rien pour moi. Il me laisse libre. Je suis l'éternel souverain de mes choix et c'est moi qui choisis mon camp.

Lorsque j'étais enfant, je lisais dans la Bible : « Aplanissez les sentiers du Seigneur ». Je me voyais avec une pelle et une pioche en train de niveler une route qui montait jusqu'au ciel… Bien sûr, je n'ai jamais trouvé cette route par la suite, mais j'ai appris à faire front commun avec le Ciel, à devenir partie prenante des choses de ma vie.

J'ai une cause commune avec le Ciel parce que j'ai des liens indissolubles qui m'unissent à Lui. Il est mon Père, Il est mon Enfant, Il est mon Ami. Ce sont des liens de bonheur. Ce sont les sentiments de mon âme. Je n'ai pas besoin d'aller déposer un brevet pour protéger ma découverte. Mon Seigneur n'est pas une marque déposée avec une étiquette et des indulgences à calculer. Je ne peux m'accaparer ce qui ne peut être réduit. Monopoliser l'Infini, l'enfermer entre quatre murs, s'en dire le seul représentant et faire payer les pauvres gens pour qu'ils viennent le voir! Quelqu'un a-t-il déjà pensé à faire une chose pareille?

Parce que je suis un *être vivant* je suis en mesure de capter un éclat de l'Être *Vivant* Suprême, et ainsi de créer ma réalité, ma vie individuelle. Ma conscience, comme toute conscience, rayonne autour de moi et transforme peu à peu l'environnement. Avec ce genre de canalisation, il est impossible de se heurter aux problèmes liés à la hiérarchie artificielle des diplomates de la spiritualité qui encouragent l'action de groupe au sein de tel ou tel mouvement sectaire.

Dieu ne me juge pas. Je suis ma propre sentence. Quand je pense que le moment est venu, j'ouvre la porte de mon cœur psychique et je vais m'y ressourcer. À cet endroit, la paix divine est toujours disponible. *Je peux faire cela simplement parce que j'envisage la possibilité de le faire.* L'âme est une déesse immortelle ayant le potentiel d'être semblable à Dieu; elle possède la capacité d'en développer les mêmes qualités. Qu'est-ce que j'attends pour être en extase? Mon moi divin existe, il est immortel, il est une étincelle de Dieu, une parcelle qui participe de l'Absolu et pourtant il traîne encore les pieds sur la Terre.

Je regarde l'homme de la rue et je vois un ange œuvrant en collaboration avec l'Absolu. Son étincelle de lumière divine est le joyau sacré de la transcendance qu'il conserve en lui, consciemment ou pas. Aimer Dieu, c'est peut-être aimer le soi et aimer les autres puisque le soi et l'Absolu sont de même nature. Dans n'importe quelle situation, même la plus ignoble, il est possible de déchiffrer le code d'entrée du cœur psychique. Là se trouve le fragment divin, l'ange de lumière, le bonheur. Chacun peut faire cela. La situation ne change pas tout de suite, mais tout se dédramatise. C'est une sensation qui devient peu à peu merveilleuse.

Je suis dans mon corps, et en même temps j'en suis différent. Je suis l'âme et je suis libre. Même cloué sur une croix, je peux ressentir le bonheur si je parviens à ne plus m'identifier à ces os, à ces muscles, à ce sang et ces nerfs que je *crois* être moi. Si je parvenais à m'identifier au Fils de Dieu en moi au lieu de me soumettre à l'ego terrestre, mon esprit et mon corps ne feraient alors plus qu'un avec le Père. Même écorché par les éléments déstabilisateurs qui ont la volonté aveugle de tout sectionner par rapport à l'ensemble, je possède la virtualité de prendre refuge dans le cœur psychique du bonheur infini. Il suffit juste d'en avoir l'intention. La résurrection peut alors être quotidienne. L'ascension est alors une expérience de chaque instant. Le malheur est d'entrer en compétition avec le divin. *Je suis alors mon propre adversaire.* Le moment où mon ego humain ne se considère plus comme le rival de Dieu, l'ami du cœur, les anges viennent m'aider et je connais rapidement la rémission de toutes mes angoisses. Les jalousies et les ressentiments disparaissent. La sensation de mieux-être est intense. La peur disparaît à son tour. Ces choses ne se vivent pas à des milliers d'années lumières. Cela peut se passer dans la cuisine, en faisant la vaisselle ou en passant le balai. Le cœur psychique est tout-puissant parce qu'il contient la Toute-Puissance de l'Âme Suprême au sein même de la vie très ordinaire.

L'Onde Infinie parle chaque jour à chacun de nous de l'intérieur. Elle envoie des signes de l'extérieur. Elle est très active. Je veux être à l'écoute de cette voix sublime qui parle sur la fréquence de l'esprit et du cœur. *Je suis du service divin.* Longtemps j'ai refusé ce service. Aujourd'hui je l'accepte dans la joie. Je suis amoureux de la vie divine et mon service consiste à partager cet amour, faire en sorte que les personnes qui croisent ma route le ressentent. Ressentir de l'amour pour le Tout, c'est en ressentir pour toutes Ses parties. Lorsque j'offre mes hommages à Dieu, ou à l'éclat de Dieu, je ne m'humilie pas. Humilité ne signifie pas humiliation. Être humble n'est pas être faible. Au contraire, lorsque je reconnais en l'autre l'étincelle divine, mon énergie semble augmenter. L'estime de l'ego humain est vanité négative alors que l'estime de l'ego divin est volupté positive. Je peux ainsi poser mon front sur le sol non pas dans un sentiment d'indignité, de honte, de culpabilité ou d'avilissement, mais bien dans un sentiment d'exaltation, d'élévation et de plaisir considérable. Dieu est venu si proche de nous, marchant parmi nous dans Sa forme de *Jésus*, sauveur de *Bethléem*, ou dans Sa forme de *Caitanya Deva*, sauveur de *Mayapura.* Il est venu non pour être servi, mais bien en tant que serviteur, donner Sa vie aux races humaines. À travers les Évangiles du *Christ* ou les Évangiles de *Caitanya*, à travers l'enseignement d'une infinité de manifestations, nous pénétrons dans l'espace du cœur, le domaine intérieur, là où se croisent et s'unissent de simples femmes et de simples hommes, là où se mêlent de simples habitants de la Terre. Dieu devient *l'un des nôtres*, sans couronne, sans Église ni haute position sociale. Il se couvre non pas de joyaux mais d'une chemise blanche de lin. Son nom n'est pas qu'un frémissement de la bouche, c'est un hymne au cœur psychique. Ce n'est pas qu'un bruit des lèvres, c'est une danse de bonheur, un mouvement de joie. C'est le chant nuptial de l'Époux qui rencontre l'Épouse. C'est la partie supérieure de moi-même. Regardez au dedans de votre cœur et vous *Le* trouverez et Il vous apparaîtra bien plus intime que vous-même. C'est ce secret tremblement de l'intérieur qui le décèle. Le temps de l'éveil est venu, toutes les forces de l'être profond lui sont entièrement dévouées et le travail commence. Les affections externes sont maîtrisées, le cœur se transforme et brille en nous comme une étincelle de Sa tendresse.

7

L'amour de l'atome

« L'amour agit sur l'atome, il transforme positivement la matière »

Comment fait-on pour élever sa conscience? Est-ce une Intelligence Suprême qui crée la réalité? Tout est-il vide? Existe-t-il une loi physique ou spirituelle qui, si elle était appliquée pourrait transformer la Terre? Il y a une chose qui est sûre : il existe une interaction entre le divin et l'humain. Lorsque plusieurs personnes se réunissent consciemment au nom de Dieu, il se produit une modification vibratoire si intense dans leurs consciences qu'un tel groupe peut provoquer une transformation positive de l'atmosphère générale sur la Terre entière. Je suis formel.

J'élève mes vibrations en reprenant contact avec mon cœur divin. Même s'il m'arrive de choquer la nature aimante de mon ange intérieur en me mettant en colère, ou de lui être infidèle en m'inquiétant, en me faisant du souci, en doutant de ma valeur personnelle, je peux toujours me relever en connectant ma conscience à mon centre divin. C'est une petite opération, mais elle a beaucoup d'impact sur les circonstances. Le souvenir de l'Être Infini s'impose de lui-même. *C'est un peu comme une fleur qui s'ouvrirait de l'intérieur.* D'un point de vue strictement matériel, les conditions extérieures peuvent sembler être les mêmes, mais la perception que j'en ai est alors différente. *Ce n'est pas Dieu qui crée ma réalité; je le fais moi-même. J'ai toutefois besoin de Sa sanction pour qu'elle se réalise.*

Il y a deux âmes dans mon cœur. L'Âme Suprême, qui est une localisation divine, et l'âme individuelle, qui est moi, un fragment distinct de la divinité. Ces deux âmes sont « une » parce que de même nature. Pourtant elles sont différentes: ce qui est Suprême est infini alors que ce qui est l'âme est infinitésimale. Elles sont semblables mais l'une est origine de l'autre. Elles sont amies. Elles voyagent ensemble dans l'éternité. Elles sont *une* et *différentes* simultanément.

La valeur individuelle d'un fragment de Dieu est indéfinie. Lorsque j'essaie de changer ma réalité, les choses ne se produisent pas instantanément. Il y a un délai de livraison. Souvent, il y a même du retard... Mais quand ça se met à bouger, tout est emporté. Le laps de temps entre l'intention et la réalisation est parfois un espace plein d'épreuves et d'obstacles. Il ne faut pas s'en faire. Tout va mal, c'est normal. Si j'arrive à garder ma vision, si je cultive une vue d'ensemble et vois tous les événements plus ou moins tragiques comme une suite évidente de cause à effet, alors je parviens à tolérer les fluctuations du temps. Au bout du cycle, la sérénité revient. Je traverse alors l'accident de voiture, suivi du cambriolage où je perds tous mes chers livres rapportés des Indes, suivi de la séparation cruelle d'avec mon enfant, suivi de la faillite totale de la maison de production qui gérait mes affaires (dans mon cas, la purification est arrivée dans cet ordre). Que me reste-t-il? Le plus précieux est toujours épargné; j'ai le pouvoir de prendre refuge en mon ange intérieur. Tout va bien. Les événements ont pétri ma vie jusqu'au point où je deviens capable d'offrir mon amour à tous les êtres vivants. Je n'ai plus besoin de recevoir les honneurs et respects pour moi-même puisque je marche main dans la main avec mon moi divin. J'ai conscience que je crée ma réalité et que, dès à présent, mon futur est brillant. Je vais bien. Je ne suis pas né, je ne suis pas mort, je ne suis pas ce corps. L'essentiel survit. Mais cela va encore plus loin : *tout se passe comme si les ondes des sentiments de gratitude qui irradient du cœur pouvaient changer la réalité.* J'en suis arrivé à la conclusion qu'il y a là une loi quasi mécanique. Les physiciens ont remarqué que l'espace autour du noyau d'un atome se transforme selon les variations énergétiques de l'endroit où cet atome se trouve. Il s'opère une métamorphose des caractéristiques de l'espace entourant les atomes et ce changement dépend des fluctuations d'énergie qui l'influencent. L'énergie du cœur affecte la matière. *Les ondes énergétiques de l'amour désintéressé agissent directement sur le corps physique.* En laboratoire de biologie, on observe que la conscience de l'observateur affecte sensiblement l'état des préparations placées sous microscope. Si cela se passe au niveau du microscope électronique, cela se passe aussi au niveau des choses les plus ordinaires. J'ai remarqué par exemple que mes guitares sonnent mieux lorsque je leur parle doucement et que je projette vers elles des émotions de remerciement et de reconnaissance. L'amour agit sur l'atome, il transforme positivement la matière. C'est en quelque sorte une énergie qui fait le lien entre le matériel et le spirituel. Il s'agit sans doute de la brique de l'univers, la force qui cimente et équilibre l'ensemble des éléments. L'énergie sonore de la musique, lorsque chargée de vibrations d'amour pur pourrait ainsi déclencher chez certaines personnes sensitives des harmonisations cellulaires spectaculaires. Les tonalités sont des forces. Porteuses d'amour, elles deviennent des vecteurs, des agents de guérison et de protection spirituels. C'est fabuleux! Est-ce ainsi que Jésus-Christ guérissait les aveugles? Par la puissance de Son Amour? Ce que j'observe à l'extérieur est directement transformé par ce que je ressens à l'intérieur. C'est une loi physique qui a pour fondement l'action psychologique. Tout se passe comme si les ondes d'amour rendaient le miracle plausible. Les émotions interviennent au niveau de l'espace dans lequel circule l'atome. L'amour interfère et agit au niveau cellulaire, en plein centre de la matière. Il n'est donc plus étonnant que Dieu, qui est « Tout Amour », soit aussi connu comme étant « Tout-Puissant ». Et l'amour est encore plus prépondérant que Dieu. L'Amour Suprême, dans son inconcevable magnanimité, aime se placer sous l'emprise de l'amour. Cette bienveillance rend l'infini totalement fascinant, absolument charmant. Tel est le Seigneur Caitanya Deva de l'ancienne tradition vaïshnava.

Si je peux agir sur la matière par l'intermédiaire de mes sentiments, cela signifie que je suis en mesure de changer la structure de la nature physique. En d'autres mots, je suis doté de la capacité de modifier ma destinée. J'ai la faculté de remanier mon karma. Encore une bonne nouvelle.

Dieu ne fait rien pour moi qui ne soit décidé par moi. S'Il faisait une seule chose de manière unilatérale, Il briserait Ses propres lois et supprimerait du même coup le libre arbitre de Ses fragments divins et, en faisant cela, abolirait une partie de Sa propre liberté. Jésus ne dit pas *Dieu t'a sauvé*, il dit : *Ta foi t'a sauvé.* La nuance est immense! Dieu n'agit pas à ma place, Il me laisse le choix. Telle est Sa libéralité. Si je veux m'autodétruire, il m'en donne les moyens. Si je veux m'enrichir, Il me permet de le faire. Si je veux L'oublier, Il se manifeste Lui-Même *sous la forme de l'oubli.* Si je veux sentir Sa présence, Il peut venir danser sur le bout de ma langue. Si je veux Le servir, Il me retire toute opulence extérieure afin de purifier la transparence de mes intentions et, une fois cela accompli, satisfait tous mes désirs. J'ai la faculté de déclencher le processus par lequel je manifeste la réalité qui est la mienne. Dieu ne m'emprisonne pas pour l'éternité dans la prison du temps et de l'espace. Je suis mon propre geôlier. Il ne me force pas non plus à revenir dans l'immensité du ciel spirituel. Je m'y hasarde par curiosité, ou parce que j'y suis tenté. Se soumettre à Dieu, c'est donc abandonner toute forme de dogme, se relever les manches et commencer à prendre sérieusement sa vie en main en se sachant seul et unique responsable de son destin. *Ce n'est pas ma vie qui m'a choisi, c'est moi qui choisis ma vie.* Ce n'est pas un blasphème ou un sacrilège de considérer l'âme comme une déesse. Chaque parcelle de Dieu est un dieu pour elle-même. Le *Royaume* n'est pas un lieu géographique. Il est déjà sur Terre dans la dimension du désir divin. La réalité est multidimensionnelle. Tout est déjà là, à l'intérieur, dans les sentiments de l'âme. Le monde multidimensionnel du cœur résonne à l'extérieur à un tel point qu'il convertit la structure moléculaire de toute chose. Le matériel a le privilège de passer d'un état à un autre. Il peut, sous l'action des émotions du pur amour, devenir spirituel. Aujourd'hui, je ne fais peut-être que percevoir ces choses. Un jour, l'homme nouveau les intégrera au sein de la vie quotidienne; pas d'une manière sporadique, mais pleinement, avec toute la force de sa foi en lui-même. Et ce jour est là, devant nos yeux.

Retourner à Dieu est donc un processus de modification vibratoire qui inclut un changement profond du cœur. *Ce qui se rapproche le plus de l'amour des êtres libérés dans la vie des êtres conditionnés, c'est l'amour d'une mère pour son enfant.* La mère qui élève son enfant dans la lumière d'un amour désintéressé, c'est-à-dire libre de tout intérêt personnel, est l'être le plus puissant dans l'univers. Il ne s'agit pas de puissance politique ou économique, il s'agit de puissance spirituelle, intemporelle. La puissance de l'amour divin ne décline pas. Contrairement à la puissance des armes ou de l'argent qui est limitée dans le temps, la puissance de l'amour divin ne cesse d'augmenter. Ses fruits sont éternels. Dieu, l'Ami Intérieur, ressent de l'amour pour Ses fragments divins et cet amour ressemble à celui d'une mère pour ses enfants. Le divin sauve le pire de Ses enfants et lui pardonne. Il ne prend pas en considération les offenses que je peux commettre par ignorance. Il laisse de côté mes erreurs et m'offre Sa bénédiction. Cela ne signifie pas que je puisse rester ignorant et cesser de m'améliorer. L'énergie circule dans les deux sens. Donner et recevoir. Recevoir et donner. La finalité réside en l'amour et non dans une conception particulière de la divinité. Il existe une graduation dans l'amour. C'est une expérience individuelle, totalement indépendante. C'est une force tangible qui, dans son état universel, est un sentiment qui s'adresse à l'entière variété des êtres dans l'univers. L'amour ne peut se replier sur lui-même sans mourir. Sans être partagé, l'énergie de l'amour s'épuise. Il est jouissance infinie et connaissance spontanée. Je n'aurai de cesse que je n'aie gagné ce trésor. L'extinction de l'individualité dans la grande vacuité impersonnelle limite le Divin à une vague énergie sans disparité. Instinctivement, l'âme rejette cette pensée moniste car elle ressent que le vide n'est pas l'aboutissement de toutes ses émotions. Mon âme veut être le récipient de ce qui est appelé la *grâce divine.* Les rayons de l'Amour ne proviennent pas d'une existence abstraite ou d'un état d'infinitude. *Dieu est un Être vivant.* C'est vers cet Être que l'amour se déverse, monte et coule comme la lave d'un volcan. La dévotion voit cet Être sur tous les visages, dans tous les atomes, entre les atomes, dans toutes les relations humaines. Aimer sans rien demander est la plus grande découverte que mon âme puisse faire. Le spirituel n'est pas une chose froide, rigide ou insensible. Le moi intérieur me convie vers cette grande aventure. Il est question ici d'un épisode inédit dans l'histoire de l'âme humaine. Une innovation audacieuse, insolite; le rêve amoureux des atomes vibre dans la fraîcheur de ce millénaire naissant. Finalement, c'est vrai, les temps sont en train de changer.

8

Une révolution de la conscience

« Contrairement au travail fait par obligation,

l'action offerte en service divin donne de

l'énergie au lieu d'en retirer »

J'ai besoin d'une révolution de la conscience. Qui suis-je au juste? Je me lève tous les matins, j'avale mon déjeuner, je me rends au travail, j'essaie de socialiser, je cherche du plaisir, je regarde les nouvelles, je mange, je dors, je me lève, je déjeune, je vais travailler. Est-ce ma vie? Quelle est la nature de ce qui respire pour un temps, s'agite pendant quelques décennies, et puis cesse soudain de respirer pour retourner aux éléments? Au bout de la nuit, la contemplation de mon désert intérieur prend la forme d'un écran à plusieurs dimensions. Un mirage intemporel s'élève au-dessus des sables de mon propre mystère. Qui suis-je? L'obsédante question s'impose sans relâche à mon esprit et fait naître un nouvel angle de vision. Sous cet éclairage inconnu je découvre les panoramas incomparables de l'âme. Étonné et ravi tout à la fois, je remarque que les paysages de la psyché sont d'une incomparable beauté. Les tensions de mon esprit perdent alors de leur intensité. Je me sens mieux. Mon âme est une substance réelle parce qu'elle ne cesse d'exister. En comparaison, les noms, les formes et les titres n'ont pas d'existence à long terme. Ce sont des images en changement. La corde semble être un serpent, pourtant ce n'est qu'une corde. Le visage semble être une personne, et pourtant ce n'est qu'un arrangement de muscles et de nerfs.

Si je suis mon corps, les secondes me sont comptées. Ce manque de temps est inacceptable. Si je *choisis* d'être l'âme, je me retrouve avec l'éternité devant moi; apparemment, je viens de faire une bonne affaire. Au lieu d'être menacé par le temps, la maladie, la vieillesse et la mort, j'existe à jamais. Plus rien n'affecte ma véritable identité. Je poursuis ma route au-delà de la dissolution du corps que j'habite. Le matérialisme, cette doctrine qui prêche que les phénomènes biologiques et psychologiques s'expliquent par les mouvements de la matière, devient dès lors une vue de l'esprit irrecevable. L'intellect ne peut plus prendre en considération une hypothèse aussi saugrenue. Un vase de terre peut se briser, mais l'éther qui vibre à l'intérieur et à l'extérieur ne peut être éliminé. Rien ne peut détruire l'âme impérissable. Lorsque le corps qu'elle habite est usé et ne peut plus lui servir, elle le quitte pour en revêtir un neuf, mieux adapté à ses désirs. On se lamente de la disparition d'un être cher. En réalité, il ne cesse jamais d'être et sa nouvelle destination rentre dans l'ordre des choses. Ma conscience n'est pas ressuscitée dans un corps identique, bien heureusement. Elle se réincarne dans un autre, nouveau et différent. Je transmigre, déjà dans cette vie même, d'un corps d'enfant à un corps de vieillard. Pourquoi donc devrais-je m'inquiéter de poursuivre mes transmigrations au-delà de la mort? C'est l'oubli de la survie de la force vitale au-delà de la dissolution du corps physique qui génère la peur de l'anéantissement. Le jour où je vais rendre mon âme, je veux me rappeler à *Qui* je dois la rendre.

Quelle est la constitution de l'âme? Quelle position occupe-t-elle dans l'espace? Selon nos connaissances actuelles, l'être humain est un mélange de produits chimiques. Ces théories scientifiques paraissent aujourd'hui réductionnistes et restrictives. Cette tendance à réduire ce qui est complexe à de simples éléments apparaît aujourd'hui primitive et bornée. Cela me donne envie d'ouvrir les fenêtres, d'aérer le musée poussiéreux de l'intellect, ce présomptueux qui agit sans assumer ses responsabilités humaines. Refusant d'accepter *ce qu'on tente de m'imposer par des manipulations mentales universitaires*, j'opte pour une nouvelle solution: l'être vivant est une parcelle de vie divine. *La vie vient de la vie elle-même.* Inutile d'aller chercher son origine dans un vieux fossile trouvé au fond d'une grotte. S'il faut se soumettre, je ne me soumettrai jamais à la mafia engourdie de notre science expérimentale, qui ne voit pas plus loin que le bout de son génome et qui irradie les fées, les lutins et les elfes sur son passage. D'où vient que je sois en vie? D'où provient l'énergie qui me donne la vie? On me dit, pour me tranquilliser, que ma vie n'est que le résultat hasardeux d'un mélange inconnu d'éléments chimiques. Ce chèque en blanc ne me semble pas très sérieux. Je flaire l'imposture mais je ne peux rien prouver. Par contre, si je me fie à mes pressentiments, je soupçonne que ma pensée ne vient pas de mon cerveau. Elle passe par mon cerveau mais provient d'ailleurs. D'où vient la force de l'âme? Tous les vivants tirent forcément la leur de la même source. Si le fossile était à l'origine de la conscience, les pierres produiraient des hommes. Ce n'est pas le cas. La conscience viendrait-elle de la conscience elle-même?

Le vivant est à l'origine des vivants. L'Être Originel est un supermagicien. Sa magie dépasse le champ de mon expérience. La vie, en tant que force vitale, devient la divinité elle-même. Il y a la source des énergies et les énergies, le Puissant et la Puissance, le Père et la Mère qui engendrent la vie. Le masculin et le féminin s'harmonisent et sont étroitement tissés ensemble, interconnectés d'une manière inconcevable pour ma raison. On trouve l'élément yin au centre du yang et l'élément yang au centre du yin. À un certain point, l'intellect décroche, l'intuition s'allume et la magie divine transcende les magies humaines. Dès que j'essaye d'intellectualiser, je cesse de ressentir. Dès que j'essaye de comprendre, j'arrête de goûter, donc de connaître, car si je veux connaître ce qu'est la joie, la santé ou l'amour, je dois ressentir la joie, goûter la santé, *être* dans la saveur de l'amour.

Pourquoi devrais-je accepter sans discuter l'idée que l'homme a créé Dieu et refuser que Dieu soit à l'origine de la vie? Lorsque je parviens à une certaine étape du savoir scientifique, je comprends comment un corps subtil, volatil, comme le gaz, peut produire une chose matérielle, tangible, comme de l'eau. Pareillement, en ayant une idée claire de la substance vitale divine, je réalise que *d'un élément subtil (l'âme virtuelle), un élément grossier (la matière) trouve son origine.*

Chaque âme est un enfant unique et a pour origine l'amour. Je n'ai pas de preuve à cela, mais j'ai des prémonitions spirituelles. Telle est la nature de la réalité transcendantale; elle se manifeste directement de l'intérieur. Elle se fait *sentir* plus qu'elle ne se fait comprendre. Elle possède plus de séduction que de cohérence. Sous le charme du Père Céleste (la divinité), la Mère Cosmique (la nature) donne naissance aux Filles de Dieu (les âmes distinctes). Selon la conception mythologique de la création, l'aspect mystérieux réside dans le souffle vital. On oublie que *l'âme n'a pas été faite par Dieu mais fait partie de Dieu.* Par ailleurs, quand un groupe de chimistes, de biologistes et de physiciens parviendront à élucider tous les mécanismes moléculaires de la vie, de sorte qu'ils puissent reproduire la création en laboratoire, ils devront créer aussi *leurs* propres éléments de base et *leurs* propres consciences, sans utiliser les cellules et l'intelligence que Dieu leur fournit (sans qu'ils s'en aperçoivent). Reproduire ce qui a déjà été fait est une chose, créer en est une autre. Tout un défi... La pensée de Darwin me consterne. Je constate avec effroi qu'au lieu de créer de nouvelles espèces, nous en faisons disparaître chaque jour. À partir d'un même matériau de base (les protéines), on a voulu obtenir l'immense variété des organismes vivants avec le chapeau magique de la sélection naturelle et le coup de baguette de la variation spontanée. On a voulu, par la thermodynamique, reconstruire la psyché en se servant des mythes, des symboles, du langage et des idées de la physique. On cherche à utiliser certaines propriétés biologiques des neurones pour agir sur leur destin. On veut reproduire une partie du cerveau humain dans un ordinateur ou, encore, construire un ensemble de cellules artificielles, électroniques, qui imitent son fonctionnement. On tente de réunir l'ensemble des connaissances sur l'anatomie pour formuler une théorie de la conscience. Les qualités morales et spirituelles d'un individu nous intéressent moins que le fait d'augmenter ses capacités intellectuelles et physiques en greffant dans son corps des implants qui relient son système nerveux à des machines surintelligentes. Nous semblons prodigieusement étourdis! Car, pendant ce temps, sous nos yeux, une harmonie invisible structure l'Univers. Cette harmonie, qui sous-tend la diversité du visible, est le chant secret qui traduit l'ordre et la beauté de l'intelligence divine. L'harmonie suprême transcende l'intellect en explosant de splendeur, mais apparemment nous manquons le spectacle...

La source originelle de toute forme de puissance est unique. Ce qui est la force de l'un est aussi la force de l'autre et c'est également la seule force de tous les êtres. Dieu en est la racine. Il incarne le grand mystère. Tout ce qui est puissant éclôt d'un simple fragment de Sa splendeur.

Si la vie vient d'elle-même, d'où viennent alors les sentiments de l'âme? La joie semble naître du désir intense de parvenir à connaître une expression immédiate, épurée et directe, qui puisse déclencher le processus de rassemblement de toutes les émotions, de toutes les intuitions. En d'autres mots, la joie vient de l'extase. L'esprit possède la possibilité de se centrer sur l'essentiel. C'est une habitude à prendre, l'intuition se développe comme un muscle. S'il ne m'est pas donné de comprendre l'existence de Dieu, je peux au moins la ressentir. En percevoir la présence, en humer le parfum, en pressentir le tendre bruissement. L'activité émotionnelle se dirige alors vers un point central d'où la conscience perçoit l'existence d'une force vitale indestructible animant toute la matière, et qu'aucun feu ne peut brûler, qu'aucune eau ne peut mouiller, qu'aucun vent ne peut dessécher.

S'il nous fallait montrer une image, dans le but ingénu de donner aux hommes une vision de leur destin, que verrions-nous? Verrions-nous un ange? Verrions-nous un esclave? Ou verrions-nous un être vivant devenu conscient de sa divinité comme de son insignifiance? Chacun choisit sa réponse, chacun choisit son destin. Chacun est libre de penser et de désirer ce qu'il veut. Libre de fermer ou bien d'ouvrir son cœur. Et si le fait de pressentir une nécessité divine était une sorte d'instinct propre à la forme humaine? En perdant cet instinct, l'homme tomberait plus bas que l'animal. Vite, réveillez-moi! Que font ces sous-animaux à forme humaine dans leurs laboratoires aseptisés en train d'insérer dans les semences de la Terre des organismes stériles génétiquement modifiés? Ce cauchemar est-il la réalité?

J'ai besoin d'une révolution de la conscience. Quel est le rôle de l'âme? Que suis-je venu faire sur la Terre? Quel est le but de toute cette agitation? Je cherche à ne plus reprendre naissance en cette dimension où la violence de l'ignorance est inéluctable. Je pourrais tenter d'atteindre la libération, la réalisation du Soi, cela revêtirait certes une grande valeur, mais cela ne me suffirait pas. Comme une fleur à besoin d'eau, mon âme a besoin d'amour et de dévotion. Je peux avoir recours à de nombreuses techniques pour obtenir la libération de l'existence matérielle. Partout il y a des centres, des écoles de yoga, des séminaires, des livres et des conférences de *channeling* proposant telle ou telle méthode, et chaque chemin à sa propre valeur, chaque processus de réalisation est précieux; *mais ce n'est pas de l'annihilation de mon individualité dont j'ai aujourd'hui un réel besoin.* Ma quête est ailleurs. Je cherche le pur amour divin et la pure dévotion ne connaît aucune technique. Tout ce qu'elle requiert c'est l'ouverture du cœur et l'abandon de l'ego humain entre les bras de l'Absolu. Ce n'est pas une religion arabe, indienne, juive ou romaine. Ce n'est pas le produit d'une culture particulière; c'est la fonction naturelle de mon âme. *C'est l'air dont j'ai besoin.*

Cette relation avec le divin est au centre de mon existence. Tout revient vers le Centre. Le but de ma vie peut être défini comme un retour vers Dieu, l'ami de mon cœur. Pour obtenir de passer un instant avec Lui, je lui offre mon temps, mon énergie, mon écriture, ma musique, ma nourriture, et j'en retire un bienfait immense dont je bénéficie éternellement. C'est du moins ce que ma petite voix me dit de l'intérieur. C'est aussi ce que m'ont confirmé les maîtres, toutes catégories confondues.

Si je vais dans la direction que me montre mon ange profond, je consacre mes pensées, mon foyer, mon corps et tout ce que je semble posséder, au service de cette présence divine que je ressens en moi de plus en plus intensément. Propriétaire ultime de l'Univers, Dieu peut aussi prendre ma vie du jour au lendemain car en Lui sont contenus les océans, le ciel et toutes les planètes. Je suis venu assister et secourir ma partie divine et par ce service me libérer de toutes les entraves qui naissent de la recherche d'une séparation d'avec l'ensemble. Je m'efforce de ne pas avoir d'attente. Sans attachement, la conscience découvre la divinité en elle-même. Je ne dépends pas d'autres êtres humains. *Dépendre des bonnes grâces d'autrui représente le plus grand malheur, mais vivre sous l'entière dépendance de Dieu engendre le plus grand bonheur.* En agissant pour l'amour du Seigneur, mon cœur me donne parfois l'impression qu'il explose de joie et de plaisir. Dans ces moments, mon mental connaît la paix intérieure.

L'âme est vagabonde, c'est une aventurière. Certains en entendent parler et c'est pour eux une étonnante merveille. D'autres ne peuvent la concevoir. Quoi qu'il en soit, l'âme de l'un n'est pas l'âme de l'autre. Bien que de même nature, toutes les âmes ne se ressemblent pas. Elles sont égales spirituellement, distinctes sentimentalement. Malgré cela, l'âme ne fait aucune discrimination entre amis et ennemis. Elle est égale envers tous. Lorsque j'arrive à voir tous les êtres sur un même plan, je parviens au niveau où il m'est possible de percevoir la personne qui se présente en ennemi comme un produit de mon imagination sous l'influence de l'illusion. Tout ennemi est le produit de mon propre mauvais karma. Bien qu'il se présente sous les traits d'un ennemi, je peux avoir de la gratitude envers lui car, comme un guérisseur, il opère là où le bât blesse.

J'ai pu remarquer que c'est seulement après avoir dépassé ce niveau (où je fais encore une distinction entre ami et ennemi) qu'il devient possible d'entrer vraiment en méditation, et ensuite de transcender la méditation passive pour pénétrer les régions sublimes de l'adoration active. Dans ma vie, cette adoration est un véritable bienfait. Elle est à la fois contemplative et active, productive et progressive. Elle n'a rien à voir avec l'oisiveté ou l'inaction. C'est la médecine absolue que je suis venu chercher. Elle représente la raison de mon voyage dans la matière, le but de cette incarnation.

L'âme de tous les êtres vivants est immense bien que sa dimension soit atomique. Le Royaume des cieux est en elle. Tous les espaces se trouvent en elle. Une âme qui se place entre les bras du courant de la protection divine n'a plus à s'inquiéter pour sa survie. *Tout lui est assuré par le miraculeux synchronisme de la grâce et de la destinée.* Elle n'a plus à se soucier des fruits de son travail. Elle poursuit son œuvre *du mieux qu'elle peut*, avec les moyens que lui présente la providence, mais *sans attente*, sans recherche éperdue de succès et de reconnaissance. Puissent ces paroles l'aider à tolérer les grandes souffrances physiques et morales qui représentent toujours une épuration karmique. Aucune arme ne peut fendre l'âme. Aucun soldat ne peut la violer et lui faire du mal. Seul le corps physique est exposé aux douleurs et aux tortures. L'âme n'en est en rien affectée. Aussi, une fois identifié à l'âme, on jouit déjà d'une opulence égale à celle des seigneurs de l'espace. Avoir de la compassion envers ceux qui nous font du mal, c'est peut-être ça la révolution... La grandeur d'âme de Sa Sainteté le Dalaï Lama est là pour en témoigner.

Avec le temps, je me rends compte que lorsque le désir de tout s'accaparer disparaît, l'esprit s'apaise. Tout semble venir naturellement sans que je cherche à m'emparer de quoi que ce soit. Ce qui doit partir s'en va. Je pense dans l'immédiat à une perte, et puis les choses reviennent, mais comme grandies. Craindre est une perte de temps et d'énergie. L'âme est une manifestation des énergies de Dieu. Pourquoi un fragment de la toute-puissance devrait-il craindre quoi que ce soit? Si je reste en union avec le Tout, les peurs disparaissent. Pour être heureuse, ma main se met au service de mon corps. La partie fonctionne ainsi en harmonie avec l'ensemble. Lorsque je cherche un intérêt séparé, automatiquement la peur revient. Mais si, avec la même activité, je cherche à servir l'harmonie universelle, alors tous mes besoins sont comblés, au-delà même de mes espérances.

Il y a un lien entre toute chose. Ce qui est le plus drôle c'est que lorsqu'un voleur s'empare du bien d'autrui, il touche à *la substance subtile et invisible qui relie tous les êtres et tous les objets de ce monde;* dans son ignorance, le voleur ne sait pas qu'en réalité il se vole lui-même. À terme, il récolte ce qu'il s'inflige à lui-même, avec en plus les intérêts cosmiques dont le taux est très élevé. Finalement, il ne fait pas une bonne affaire! Le karma est une chose complexe. Il semble fonctionner en spirale. Le jour où les réactions de son geste reviendront vers lui, un voleur d'argent ne perdra pas forcément son argent. Le choc en retour pourra lui faire perdre la santé, ou pire, la raison, ou autre chose encore.

Je suis venu sur Terre pour apprendre. Je suis un étudiant. Cette connaissance est un peu mon salaire d'ouvrier de lumière. Je travaille pour l'univers, je suis serviteur et ce service est gratuit. Il y a des échanges d'énergies de manière à fonctionner dans la matière mais en dehors de la maintenance et du développement des activités, je n'attends rien en retour. Ni récompense, ni châtiment. Être engagé dans le service que j'aime, c'est déjà magnifique. C'est la joie du don, la joie du bénévolat divin, *la joie suprême d'être favorablement disposé à faire une chose sans obligation.*

Je ne suis certainement pas dans ce monde pour travailler huit ou dix heures par jour comme une bête de somme. Pourquoi ne pourrait-on pas vivre sans travailler? Pourquoi être obligé de travailler pour vivre? Jugeant qu'il y avait là une situation assez désobligeante pour l'âme, les sages des temps anciens sont arrivés à la conclusion que la plénitude s'obtient par l'inactivité. Pour justifier leur concept, ils ont considéré que certains grands *avatars*, comme *Bouddha* ou *Sankara*, étaient venus pour apporter la libération en désignant un état, appelé *samâdhi*, comparable au sommeil profond, dans lequel il est possible de vivre heureux sans avoir à gagner son pain à la sueur de son front. Il existe aujourd'hui une autre voie selon laquelle l'action vaut mieux que l'inaction. Sans agir, l'homme est incapable de veiller à ses plus simples besoins. *Le nouveau samâdhi est actif.* Offrir l'action, c'est s'engager vers un rayonnement positif de l'existence. *Renoncer simplement à l'acte ne peut, par contre, rien apporter.* Contrairement au travail fait par obligation, l'action offerte en service divin donne de l'énergie au lieu d'en retirer. Le service est un soutien, un dispensateur, un donneur de vie. Au lieu de dissiper la force vitale, il l'augmente. Au lieu d'amoindrir la vitalité, il en procure. C'est une œuvre d'amour, un divertissement de l'âme. C'est l'ensemble des actions qui aboutissent à la nouvelle évolution. C'est une révolution spirituelle.

9

Le pouvoir de la compassion

« Le plus grand bien qu'on puisse se faire est de se souvenir de son origine céleste »

Pour Bouddha, la sagesse suprême commence avec l'apparition de la parfaite compassion. À partir de là, découlent moralité, patience, énergie, méditation, respect et pardon. La vertu première demeure la compassion. Elle agit comme un bouclier de lumière et d'amour. Tel l'œil qui ne peut se voir lui-même, le cœur emplit de compassion n'admire pas son état. Il *est* compatissant sans s'en rendre vraiment compte. Cette qualité naturelle se manifeste chez les *Bodhisattva*, ces anges qui renoncent à être libérés du poids de l'existence dans le but d'éclairer toutes les autres entités et de les guider vers l'éveil de leur véritable identité divine.

Si la fille d'un homme riche quitte la maison familiale et se retrouve plus tard perdue dans la rue, sans argent ni soutien, dans le froid de la nuit, et que dans sa folie elle va jusqu'à oublier son opulente origine, le fait de lui donner quelques vivres soulagera temporairement sa douleur mais cela ne la sauvera pas des dangers qui la guettent. Seul celui ou celle qui vient lui rappeler qu'elle est la fille légitime de son riche père et qui la guide vers lui l'aidera réellement. Parcelle de L'Être Infini, l'âme est la fille de Dieu. Son séjour douloureux dans l'atmosphère matérielle résulte de son désir de quitter le monde spirituel. Tel a été son libre choix. Le plus grand bien qu'on puisse se faire est de se souvenir de son origine céleste. La juste compassion envers tous les êtres consiste donc à œuvrer dans le but de couper définitivement le cercle des morts et des renaissances qui nous emprisonne dans le donjon du temps et de l'espace afin de retourner auprès de notre Père Infini, dans notre demeure originelle.

La pluie de l'infini peut-elle vraiment baigner les régions arides de mon jardin secret, irriguer mon dessèchement intérieur? À l'esprit qui l'aime sans rien attendre en retour, la compassion offre les voluptés des sources célestes. Ce n'est pas un gémissement intérieur qui me rendrait sensible aux maux d'autrui. La compassion n'est ni une plainte ni un atermoiement sur les malaises des autres. C'est l'antidote qui me protège du mépris et de l'indifférence. C'est la guérison de l'insensibilité et de la dureté de mon cœur. La lumière apparaît dans l'esprit de celui qui l'attire. Lorsqu'elle survient, la compassion se lève à l'horizon de la conscience. Ce n'est pas une perte de mon discernement, ce n'est pas une glorification béate des guides, ce n'est pas une abdication de mon individualité. C'est un sentiment bienveillant envers tout ce qui m'entoure et envers tout ce qui défile sur la trame de ma vie, le bonheur comme le malheur. C'est une émotion prodigieuse que je perçois comme un accueil. La compassion est une fête des profondeurs humaines. Elle détecte la présence du divin qui nous accompagne tous à travers nos pérégrinations dans l'atmosphère matérielle.

Par un acte généreux, elle compatit à la méchanceté et à la cruauté, sachant qu'il s'agit simplement de maladies inconscientes et non d'une volonté à faire le mal. Lorsque les rayons de la compassion surgissent, ils apportent avec eux la confiance en l'absolue protection divine. La faim, la soif et les blessures morales semblent disparaître. Plus rien ne m'afflige alors. Les gens qui me connaissent bien et qui savent, par conséquent, que je suis habituellement un puits de lamentations me regardent d'un drôle d'air. Ils ne semblent plus me reconnaître.

Je pressens que la compassion me protégera au moment fatidique. C'est une promesse que les étoiles m'ont faite en la faisant à tous les êtres vivants. Depuis, j'ai foi en la force de la compassion comme d'autres ont foi en la puissance de leurs armes. Elle porte sur son front l'infaillible serment des révélations écrites à la clarté des printemps éternels. L'unique prérequis étant de ne pas faire aux autres ce que je ne voudrais pas que les autres me fassent.

Par moment, sous son emprise, surviennent des états de grâce. La présence de l'âme au sein de la matière devient une évidence. Toute chose paraît parfaitement ordonnée, en harmonie avec l'équilibre de l'omniprésence. Les situations éprouvantes peuvent éventuellement persister, il ne reste toutefois aucun objet de plainte ou de désir pour soi-même. Subitement, même des horreurs comme la guerre, la haine et le mal donnent l'impression de n'être que la réaction de lois célestes, provoquée par les actions cruelles d'êtres assoiffés de sang qui choisissent, par exemple, de construire des abattoirs industriels au lieu de protéger leurs frères animaux. La compassion ne peut être uniquement dirigée vers les humains. Elle souffle où elle veut. Elle projette sa chaleur vers les mammifères, les poissons, les arbres et les insectes. Même les pierres pour elle ont une âme! La violence inutile qu'on inflige aux parcelles divines incarnées dans des corps d'animaux ou dans des corps d'arbres provoque sur Terre des désastres, des pestilences et de grandes guerres. Les épreuves traversées s'annoncent comme étant envoyées par des lois dont l'homme n'a pas l'entière connaissance mais qui s'avèrent intransigeantes. Survenant de l'oubli des vies passées, les adversités ont pour unique cause les réactions de nos erreurs. Lorsqu'elles surviennent, au lieu de maudire le cosmos et de se refermer sur lui-même, notre ange intérieur remercie le ciel d'avoir peu à payer par rapport à une dette karmique que seule la magnanimité divine peut réduire.

Tout devient étrangement différent lorsque l'émotion de la compassion surgit dans le cœur. On devient comme un fleuve dont les eaux auraient été débarrassées de toute pollution. On baigne dans la joie du Fascinant. Au lieu de penser à son bonheur, on pense au Sien et à celui de tous les êtres vivants dont le nombre est infini comme le firmament. À faire le bien et la joie de tous, on est heureux enfin. En suivant le sentier de la compassion, on a la certitude d'atteindre l'illumination parfaite et on goûte la quiétude de ne plus être soucieux de son seul plaisir.

Donner et recevoir implique qu'une personne donne et qu'une autre reçoit. Ce trait caractéristique des rapports entre l'âme et Dieu change l'action en *service divin*. Je ne m'inquiète d'aucune perte ni d'aucun profit. Quoi que je fasse, je le fais pour l'offrir à la présence intérieure *en chacun*. De cette manière, Dieu n'existe plus quelque part au bout des galaxies. Il est soudain à mes côtés et me rassure de Son amitié inconditionnelle. J'ai le privilège d'approcher un Dieu de proximité. L'atmosphère terrestre perd soudain son côté matériel, inerte et douloureux, elle apparaît aussi féerique que l'atmosphère spirituelle. Tout à coup, j'ai définitivement une version différente des événements misérables qui font rage à la surface du globe. Le phare de l'acceptation me guide dans la brume. Tel est l'idéal que je cultive et que je nourris presque clandestinement, dans le secret de mes intuitions, dans un état de vigilance par rapport à mes pressentiments.

Certains jours, j'oublie par mégarde la présence de la compassion et, malgré son immensité, la Terre me semble un lieu étroit. Ma force vitale, pourtant parcelle du Sans Limite, paraît alors sur le point de rétrécir jusqu'à disparaître.

Aucun être ne sait ce qu'il gagnera demain. Nul ne sait où et quand il quittera le corps physique qu'il anime aujourd'hui. Pour celui qui est né, la mort est certaine; pour celui qui est mort, la naissance est certaine. Les guides, quant à eux, n'oublient jamais et ne sont jamais sujets à l'influence de l'illusion. Ils demeurent en union avec la matrice originelle et connaissent l'existence du ciel spirituel. Ce savoir suffit à les rendre confiants et sans peur face au présent et à l'avenir. Ils ne se laissent pas submerger par la conception impersonnelle de la Vérité. À leurs yeux, chaque *personne* est essentielle à l'équilibre de l'ensemble. C'est pourquoi leur compassion ne connaît pas de limite. Ils savent que l'aspect ultime du divin est une Personne *sensible* parce qu'ils ont vu la Vérité.

De l'océan de compassion, ces guérisseurs à l'infaillible mémoire reçoivent les ondes célestes qu'ils transmettent aussitôt aux peuples de la Terre. Ils ont la capacité d'adapter la réalité spirituelle à des circonstances matérielles diverses. Ils donnent à tous librement et en même temps cherchent les entités qui peuvent véritablement comprendre leur message. Ils sont sans restriction aucune et toujours disponibles pour qui montre la plus minuscule étincelle d'intérêt envers les énergies thérapeutiques du pur amour. La compassion les habite et se répand autour d'eux comme un parfum. Elle traverse leur conscience et émane des paumes de leurs mains afin de soulager les corps et les esprits de ceux qui en ont besoin. Leurs paroles bienveillantes sont ressenties comme une caresse par l'âme affligée.

La compassion pétrit le cœur de ses rayons comme les boulangers, jadis, pétrissaient la pâte de leurs mains. Il ne s'agit ni de pitié ni d'apitoiement. C'est une énergie qui protège des folies de l'humain et fait découvrir la sécurité du divin. Sa qualité ésotérique est de nous faire vivre la traversée des voiles de l'illusion. L'être et le non-être coulent en son sein. Elle représente l'éveil. Les oasis des déserts du mental et la rosée qui inonde les vallées du cœur sont sous son contrôle. Elle est la mort des leurres et des chimères; elle est la résurrection de la sagesse. Elle incarne à la fois la reconstruction des cités oubliées de l'intérieur, la transformation et l'immortalité. Intemporelle, il n'existe pour elle aucune distinction entre matière et esprit. Ces deux énergies s'unissent en elle.

À moins d'être à l'écoute des anges de compassion, il m'est impossible de comprendre à quel point il est facile d'offrir le fruit de mon travail. Porté par le charme de ce fleuve invisible qui recouvre mes yeux du baume rafraîchissant de la bonté, je deviens capable de me départir de ce que j'ai gagné par mes propres efforts. Le renoncement sans activité positive ne peut me donner le fruit tant convoité du pur amour. Je ne peux me contenter d'abandonner mes occupations. Un tel abandon ne ferait que créer un désert dans ma vie. Que dois-je faire alors? Voir Dieu partout et en chaque entité. Faire vibrer dans mes actes, mes paroles et mes pensées, les gloires de l'Infini tout en renonçant à me fondre en Lui. Le désir de fusion avec l'Énergie fanerait la fleur du service d'amour. *La fusion quantitative avec Dieu constitue la plus haute forme d'arrogance, et la moindre trace de cette idée dans mon cœur éliminerait tout espoir d'échange amoureux avec Lui.* Comment pourrais-je encore cultiver une telle attente, entretenir un tel espoir, sachant que, de toute éternité, *je suis* une de Ses parties qualitativement égales? En outre, comme chaque être vivant, je possède à l'état latent l'immortelle compassion, l'impérissable pouvoir de guérison. Avoir de la compassion consiste à essayer de raviver ce sentiment jusqu'à ce qu'il devienne spontané. Cela commence par le fait *d'accepter* recevoir le message, et ainsi d'atteindre progressivement une sorte d'équilibre émotif au-delà des allégresses et des chagrins. À ce stade, la compassion devrait déjà m'aider à réellement tolérer les coups du sort. Sachant qu'ils ne sont dus qu'à la rencontre des sens avec la matière, les malheurs m'affectent de moins en moins. J'apprends que les joies et les peines de ce monde sont aussi éphémères que les saisons qui passent.

Au début des temps, ni le feu, ni le soleil ou les étoiles n'existaient, et déjà, la force de la compassion se divertissait dans la permanence du réel. Les sages s'en souviennent et puisent dans cette douce réminiscence une exultation et un ravissement sans fin. Ils savent qu'il s'agit d'une énergie présente au fond de l'être humain et qu'elle représente la seule chance de paix universelle, la seule protection réelle, la fertilité intérieure, le rétablissement de toute l'humanité. Le fleuve de la compassion charrie des millions de bonnes influences célestes. Fécondation du jardin intérieur par intervention divine, les énergies de compassion irriguent la volonté et l'imagination humaine. Un éclat de cette clarté est réservé pour chaque pèlerin qui parvient jusqu'aux rives de la transformation du cœur. Les rayons de cette lumière gonflent le cœur et font jaillir les larmes bienheureuses. *La compassion est Dieu sous forme féminine. Elle est prête à nous ouvrir les bras.*

La compassion a également de nombreux aspects externes. Elle peut être ressentie devant un buisson d'herbes médicinales au beau milieu d'un champ, en plein été. Elle peut aussi se présenter dans le son des mantras, dans les prières, dans l'écho des montagnes, dans le reflet du cristal. Elle peut même se cacher dans le mystère des peintures abstraites, dans l'énergie des couleurs et le synchronisme des formes. Elle est la mère de l'univers, la cible de l'archer, l'amie la plus chère. Clairière où le chevreuil vient goûter au soleil, la compassion est l'ultime résidence, la source limpide et l'objet de l'amour. Grâce à elle, les anges guérisseurs sont en mesure de soigner les malades, de soulager leurs douleurs et de leur apporter la liberté.

Certains la perçoivent comme la vie unique dans l'exubérance des races et des peuples de la galaxie, d'autres méditent sur elle dans sa forme universelle. Je ne peux m'élever vers elle par mes propres efforts. Aucune technique, si développée soit-elle, ne peut la forcer à apparaître. *C'est elle qui descend jusqu'à nous.* Le processus est descendant. On ouvre son cœur et elle y prend racine si elle y détecte la moindre étincelle de sincérité. Elle sait ce qui se cache dans nos poitrines, ce qui rouille nos corps, ce qui moisit dans nos pensées. Elle connaît nos motivations secrètes. On ne peut rien lui cacher. Elle sait aussi la beauté de notre âme. Elle a offert l'impérissable science de l'amour au dieu du Soleil qui l'enseigna lui-même au Père de l'humanité. Chaque jour, elle s'incline vers la Terre et laisse glisser ses énergies dans les mains des prêtresses aux cœurs purs. *Elle seule peut éviter que l'homme demeure le prédateur amnésique qu'il est devenu.* C'est la chance qui nous reste, le moyen de faire taire les bombes et les massacres, d'arrêter l'horreur qui dévore les nations, traumatise les enfants et cadenasse les consciences. Dans le cas où nous ferions tout pour continuer à ne pas accueillir la descente de la compassion dans nos vies, dans le cas où nous ne lui ferions aucun signe, nous ne pourrions plus continuer à faire semblant de rien. Elle seule peut encore nous sauver de l'extinction durable de l'amour. Ce millénaire verra son retour, j'en suis certain. J'envoie vers la lumière un rayon de mon cœur.

10

Les premiers signes de l'aurore

« La grâce libère l'étincelle divine

prisonnière de la matière »

Quels sont les effets de la grâce? À quoi reconnaît-on ceux qui en sont touchés? Quelle est la magie ambivalente de sa présence dans la conscience? Les gens que je croise dans la rue, ceux que je vois défiler sur l'écran des téléviseurs, ont-ils un jour perçu les murmures de sa caresse? Est-ce qu'ils la cherchent, est-ce qu'ils la désirent ou est-ce qu'ils s'en moquent? Un jour, j'avais six ou sept ans, je décidais d'entrer directement en contact avec la grâce… Nous étions en Algérie et mes parents m'avaient inscrit à l'école des Pères Blancs Jésuites. J'avais appris le *Notre Père* et à faire le signe de croix. Mon père était libre penseur, ma mère existentialiste. On ne parlait jamais de Dieu à la maison, sauf pour ridiculiser l'extravagance théâtrale du costume des archevêques et des pontifes. Je me mis à faire ma prière régulièrement. Un soir où j'étais particulièrement absorbé, ma mère entra dans la chambre et me surprit, agenouillé sur mon lit, face au mur, les mains jointes. J'en fus bouleversé, comme pris en flagrant délit. Avec sa gentillesse habituelle, ma mère me dit doucement que je pouvais continuer, que j'étais libre de croire en Dieu et m'embrassa avec tendresse. Néanmoins, je me suis senti terriblement seul ce soir-là. Seul avec la grâce que je ne pouvais *partager.* Je pouvais communiquer avec la Présence intérieure, mais pourquoi étais-je seul à le faire dans la maison? Malgré l'immense amour que mes parents ont toujours eu pour moi, je n'ai jamais su partager avec eux les secrets de mon âme. En grandissant, et puis en vieillissant, j'ai compris que la grâce ne visite pas nécessairement le cœur de tous les gens. Certains la nient. *Comment pourraient-ils dès lors recevoir les bienfaits de quelque chose qui, pour eux, n'existe pas?* Depuis cette anecdote marquante de mon enfance, la vie m'a heureusement appris que l'amour est l'énergie de cohésion qui unit l'ensemble des phénomènes de la grâce et que cet amour se réalise d'une manière unique pour chacun. De plus, l'expérience de la grâce n'est qu'une expérience et, en tant que telle, n'est pas nécessairement appelée à durer même si elle peut se renouveler sous de multiples aspects. Il est évident que ma mère percevait la grâce différemment, à sa manière, et que dans l'étroitesse de mon cœur je ne pouvais m'en apercevoir à l'époque.

Sous l'effet de la grâce, même un animal devient capable de réaliser qu'une conscience anime la matière. Sous l'effet de la grâce, les êtres se rendent compte qu'une seule chose différencie l'âme de la matière: *la conscience.* L'âme est consciente tandis que la matière ne l'est pas. La conscience n'est pas le résultat d'un agrégat de produits chimiques. Pourquoi le serait-elle? La conscience est un mystère divin. Ni anges ni démons ne connaissent son vrai visage. Elle est océan de joie visible et invisible. D'entre les astres de lumière, elle irradie à travers tout l'Univers. Des torrents de larmes d'extase se mêlent à son courant.

Elle se situe au-delà de la justice des dieux et bien au-delà de celle des hommes.

Par moment, la grâce se présente sous la forme d'une énergie de guérison qui agit comme un contrepoison à l'angoisse et qui amène de souverains effets. Les réactions bénéfiques se font sentir dans le corps et le mental; elles sont nombreuses et fort plaisantes. On en reconnaît les symptômes assez facilement. Les intentions deviennent pures. Les motivations sont claires. La peur s'en va. Le cœur est clément, généreux. L'esprit est serein. La lumière de la conscience se reflète sur le lac du mental. La personne touchée par la grâce est joyeuse, bénévole, charitable selon ses moyens. Pour elle, toute forme de charité ouvre les portes du bonheur. Elle donne à ceux qui sont dans le besoin. L'esprit rejoint un plan où le doute de l'existence de l'âme s'éteint. Le feu du détachement s'allume. L'individu est tolérant face à des événements difficiles à traverser. Il évite la fourberie et ne tente pas, aux yeux des autres, d'être ce qu'il n'est pas dans la réalité. Il se trouve alors sous l'influence de l'énergie spirituelle. Il connaît le contentement, l'enchantement, la félicité, la quiétude, le ravissement. Tels sont les signes.

Infinis sont les visages de l'énergie divine. Elle est le feu qui illumine les îles de l'espace, les immenses cités sidérales et les vastes forêts des planètes lointaines. Sous sa direction, un nombre illimité de parcelles divines ont pour unique destin de propager à travers la galaxie une multitude d'espèces vivantes. L'énergie de compassion se transforme encore en collines couvertes de figuiers sacrés auxquels, tôt le matin, les peuples sacrés des grottes et des pierres rendent un culte magique.

Devenue licorne née du nectar d'immortalité, elle survole en silence les vallées de l'Éden. Elle est fleuve maternel sans début ni fin. Elle est le commencement des Écrits Révélés et l'origine du son. Elle est aventure intrépide, semence de toute existence. Bien qu'elle semble divisée, elle est indivisible. La grâce est une force qui souffle où elle veut, dans toutes les directions, pour tous les peuples, quelle que soit leur culture, leur tradition ou la couleur de leur peau. *Les passages de conscience qui amènent à l'éveil sont inévitablement les mêmes pour tous.* Si un être au cœur pur, bien qu'attaché à une quelconque communauté religieuse, manque des instructions nécessaires pour progresser sur le sentier, l'énergie divine de la grâce lui donne *de l'intérieur les informations pour parvenir jusqu'à l'aurore.* Si ses souffrances morales lui sont insupportables, la grâce l'inspire à s'engager dans l'action pour l'amour de l'action. Il travaille alors sur lui-même de manière à ce que graduellement plaisir et douleur deviennent à ses yeux identiques. Cet être au cœur pur fait en sorte que gains et pertes ne fassent plus de distinction dans son esprit. Succès et faillites deviennent ainsi de simples expériences transformationnelles. Dans son mental se produit *l'état de paix sans mélange.* Tout devient équilibré et il ressent un immense sentiment de gratitude envers la vie. Il lâche prise. La jalousie qu'il a envers le talent et les réussites d'autrui se transforme en admiration. Il guérit de l'arrogance et de l'orgueil. Il apprécie soudain ce que les autres accomplissent. Toutes sortes d'anxiétés et de tensions disparaissent ainsi spontanément. L'effet de la grâce l'enchante. Il ne fait plus aucun effort pour obtenir ou pour éviter quoi que ce soit, il prend ce qui vient, pauvreté ou opulence, mépris ou adoration. Il est libéré. Le phénomène d'extase lié aux effets de la grâce rencontre en général l'incrédulité des milieux rationalistes. Par le préjugé le plus arbitraire, les rationalistes *croient* que l'humain n'a pas la faculté de sortir de lui-même. Ils se trouvent par conséquent privés de toute *cosmogénèse,* c'est-à-dire déracinés, coupés de leurs origines, séparés de toute résonance fondamentale en accord avec l'Âme de l'Univers.

Les émotions de la grâce se vivent dans le secret du cœur. L'âme qui (peut-être par orgueil) tente de tirer prétention de la grâce en en faisant un bruyant étalage ne doit pas éprouver grand-chose en réalité. À l'opposé, celle qui pense ne pas avoir les qualités requises pour en être la bénéficiaire, voit son cœur s'en imbiber chaque jour un peu plus. Voilà sans doute pourquoi le Christ, notre maître à tous, dit que les premiers seront les derniers. En effet, la grâce n'est pas attirée par les dévotions pompeuses et trop voyantes. Les émotions du Ciel n'ont pas de drapeau, pas de nation, pas de désignation, pas d'affectation, pas de religion. Paradoxalement, la grâce semble considérer l'âme qui ne cherche pas à être considérée ou à être reconnue. Elle fuit l'être qui s'imagine digne de distinctions et évite celui qui pense mériter honneurs, révérences et vénérations. La grâce fait déborder la coulée habituelle du temps et entre en conversation animée avec le cœur des gens simples. Elle libère l'étincelle divine prisonnière de la matière.

Personne n'est ni glorieux ni honteux sous les rayons de la grâce. S'affliger, concevoir des espoirs ou des regrets devient perte d'énergie. Au-delà des attractions et des répulsions, le conflit des passions et des opinions n'a plus le pouvoir d'émouvoir quiconque. Libre, l'esprit plane au-delà des gloires et des honneurs terrestres. L'aube se lève, elle perce la nuit de son or en fusion, elle perce le cœur de ses flèches de fleur. La guérison est réelle.

11

La beauté qui guérit

« Devant les modulations du Cosmos et l'élégance de l'Univers, mon ego stressé desserre les mâchoires et respire plus profondément »

Avez-vous remarqué à quel point les gens qui s'intéressent sérieusement au mieux-être sont attirés par la beauté? La beauté aurait-elle des pouvoirs thérapeutiques? Chacun semble en avoir pourtant une conception différente. Existe-t-il un standard de perfection? Pourquoi la perception de la beauté est-elle si différente d'une personne à l'autre? Pourquoi certaines œuvres nous font immédiatement du bien, alors que d'autres semblent nous vampiriser, nous affaiblir ou nous énerver? Qu'elle soit du domaine de la pensée, de la science ou de l'art, toute construction métaphysique est une initiation en soi et s'inscrit dans la grande tradition de la cathédrale mystique. Dès lors, elle possède le pouvoir de jeter un pont sur l'invisible et de révéler à la conscience le silence et le calme des grands espaces de l'intérieur.

De la pureté de la pensée jaillit la beauté. *Ce n'est pas une beauté uniquement plastique, c'est une clarté intérieure, une émanation silencieuse qui monte des profondeurs de l'âme et qui se diffuse autour d'elle.* Le visage de l'homme est le reflet d'un karma passé qui se manifeste dans le présent. Tout karma est passager. Les artistes ne sont pas des esprits fatalistes. Si j'étais entièrement conditionné par mon destin, si je n'avais aucune liberté, il y aurait fatalité. Mais je suis un fragment de la liberté et de la beauté absolues. J'ai un libre arbitre. Par conséquent, tout peut changer, tout peut évoluer. Quelqu'un de laid peut devenir beau en très peu de temps *s'il ajuste sa pensée sur les émotions qui génèrent la beauté.*

Qu'elle est la nature de ces émotions? D'abord l'absence de crainte. Avancer sur le sentier spirituel signifie quelquefois être prêt à se retrouver seul, sans soutien, sans appui, dans une insécurité totale. On se retrouve face à face avec l'invisible. Dépendre de la grâce divine chasse la peur et agrandit la force intérieure. Convaincu que mon Seigneur se trouve dans le cœur de chacun, hommes et bêtes, nuages et océans, qu'il est *le témoin de chaque événement* et qu'il sait tout de mes intentions, j'ai l'impression que le monde devient pétri de la beauté indestructible des étoiles. Cette sensation monte des profondeurs par vagues successives, et soigne furtivement toutes mes blessures, toutes mes cicatrices émotionnelles. Je me sens protégé d'une certaine manière, soutenu par l'omniprésence. Il se produit une sorte de purification de mes insondables paranoïas. Les impuretés et les contaminations émotionnelles s'effacent.

L'honnêteté et la charité, véritables centres de conscience saturés d'énergie positive, sont deux autres émotions qui génèrent la beauté. Le fourbe et l'avare ont le cœur sec et les yeux emplis de bile. Leurs sourires sont des grimaces. Les lignes du corps reflètent nos frustrations secrètes. La beauté ne déforme pas la vérité à des fins personnelles, elle tolère les provocations. Lorsque la colère éclate, c'est le visage qui en reçoit la souillure. La colère, l'envie, la jalousie, la vive inclination pour les plaisirs sensuels, la possessivité sont des sentiments qui sont tôt ou tard accompagnés par une sorte de flétrissure, un avilissement, une corruption de la beauté. On dirait que la lumière s'éteint.

Les modèles de la beauté pure remontent à l'aube des temps. On sait que l'arrogance s'en éloigne alors que la modestie s'en approche. L'absence de soif des honneurs apporte aussi la paix du cœur, soulage les tensions nerveuses qui enlaidissent et donnent un visage tendu, contracté et raide, presque sans charme. La beauté est au contraire le reflet de la décontraction et de la détente, autant de qualités qui contribuent au mieux-être. Par-dessus tout, l'amour sans condition, qui n'est ni un échange ni un commerce et qui se suffit à lui-même est le sentiment le plus apte à métamorphoser les traits d'un individu.

Contrairement à ce qu'en pensent les experts du postmodernisme, la beauté est sacrée et ce n'est pas une rupture avec la réalité. De quelle réalité s'agit-il d'ailleurs, vue avec les miroirs déformants de quel conditionnement médiatique? Contrôlée par qui? Et dans quel but inavoué? Et si la conception de la beauté divine était une plongée, une percée vers toutes les facettes d'une même réalité?

La culture de l'art sacré sous ses formes initiatiques est l'élément fondamental de toute civilisation progressive. *Sans la présence de l'âme, il n'y a pas de véritable évolution culturelle et sans culture aucun programme social ne saurait avoir d'avenir positif.* Dans l'histoire humaine, ni la musique ni le théâtre ni la création picturale, pour ne citer que ces disciplines, n'ont été exploités à des fins de simples divertissements comme elles le sont de nos jours. Dans l'Antiquité, leur fonction première était de révéler les grands mystères de la vie et de la mort. Il est flagrant qu'en supprimant les indispensables rites de passage de l'art sacré, le postmodernisme mène nombre d'adolescents au suicide.

L'harmonie, la noblesse et l'équilibre sont partout dans la nature. Chaque chose créée possède une forme et le fait que ces formes s'imbriquent les unes dans les autres avec élégance tient du miracle. Cette harmonie naturelle ne montre-t-elle pas l'existence d'une intelligence ésotérique qui serait justement l'origine de nos intelligences d'êtres mortels? Cette éventualité occasionne déjà une douce sensation de détente. Dans un état d'émerveillement devant les modulations du Cosmos et l'élégance de l'Univers, mon ego stressé desserre les mâchoires et respire plus profondément. C'est déjà une bonne chose. Je suis toujours agréablement impressionné par le spectacle grandiose des phénomènes naturels dont la beauté dépasse l'imagination.

Quelle est l'essence de la tragédie humaine? Par quoi les conditions de l'existence sont-elles régies? Dieu joue-t-il à la roulette? Quand un enfant meurt dans un accident sur la route de l'école, nous ne croyons plus en Dieu. Mais quelle est notre idée de la divinité? Quelle conscience avons-nous du divin? Se peut-il vraiment que toute une civilisation limite le phénomène de la vie à un court laps de temps situé entre le berceau et la tombe? À force d'aller au fond des choses, les réponses font surface. L'œuvre en gestation devient alors le vecteur de mille inspirations. La vérité se montre nue. On y détecte l'être humain victime de la douleur de l'incarnation et de la mort. On y découvre aussi la même personne mais libérée, apaisée, heureuse et compatissante. La multiplicité des sensations vient mourir dans un océan de lumière. Mais qu'est-ce qui fait que l'un sera une victime et l'autre un rescapé?

Si je ne parviens pas à me libérer de l'angoisse par la vertu du savoir spirituel, je vais imprégner mon œuvre de cette affliction toxique et j'en ferai ressentir les effets néfastes autour de moi. Si je reste fasciné par l'évanescence de l'ego humain et que j'y consacre mon art, je resterai la proie de l'illusion. Si je reste confondu par de multiples inquiétudes et ne fais aucun effort pour me dégager du filet des superstitions philosophiques, économiques ou religieuses qui encombrent mon cerveau, je vais me perdre dans la fatuité et je serai envieux de Dieu.

Je ne voudrais même plus entendre parler de spiritualité. Mon travail artistique, si modeste soit-il, sera pollué par cette envie malfaisante et les quelques œuvres qui naîtront sous mes mains auront des effets dévastateurs chez les gens qui se les procureront. J'ai observé que les émotions les plus dangereuses sont celles qui déstabilisent le plus le spectateur, le lecteur ou l'auditeur, comme la colère, l'avidité et la grossière indécence. J'ai la capacité, en tant qu'humain, de fermer ces trois portes qui mènent sur l'enfer, c'est-à-dire sur des conditions d'existence difficiles. En tant qu'artiste libre, j'ai la fonction et la responsabilité de m'en éloigner le plus possible. Une fois cette charge accomplie, la création change radicalement de trajectoire. Elle se transfigure, se mue en remède, se convertit en antidote à la terreur et à la violence; il se produit un réaménagement total de l'œuvre qui devient évolutive, et se change en baume pour l'âme, en consolation pour le cœur, en ressource pour l'esprit. C'est un apaisement de tous les sens. C'est ainsi qu'une musique ou un tableau peut détendre en douceur, *réarranger notre structure intérieure en la sanctifiant.* Les œuvres de dévotion intense, à travers lesquelles il est permis de ressentir le souffle de l'amour divin, réconfortent dans les moments difficiles, soulagent les chagrins, apportent le calme, la tranquillité, l'extase. Elles ouvrent le cœur et permettent à l'âme de goûter à la liberté inconditionnelle. Elles inondent la Terre de lumière et ont la faculté de déclencher parfois un flot de larmes réparatrices et libératrices. Elles sont inspirées par les grandes Muses Célestes et l'âme qui les canalise sait qu'elle en est l'humble servante émerveillée, l'instrument consentant par lequel passent les énergies de guérison.

Le royaume des sons et des couleurs est en chacun de nous. Le Verbe est lumière procédant de la lumière. Les énergies sonores s'investissent de valeurs magiques et la signification de leur rituel transcende la raison. Chaque note de musique, chaque mode musical projette ainsi une force particulière. *Ré* apporte la joie. *Do*, l'assurance et la stabilité. *Fa*, l'ouverture du cœur. *Mi*, active la volonté et aide à contrôler la colère. *La*, offre la lumière. *Sol*, l'énergie de la parole et du chant. *Si*, la spiritualité. Le blanc détient un pouvoir curatif insoupçonné. L'ocre jaune allume l'intellect. Le vert apporte le message du futur. Mais dénuées du sentiment de l'âme, ces énergies ne sont rien. C'est le sentiment qui les anime.

L'initié pénètre avec respect dans le temple atelier où ruissellent les onguents, les pigments et les harpes. Il dépose avec une dévotion sincère les fruits mystiques du myrte sur le seuil de la tombe. Et la vie surgit à nouveau. L'harmonie absolue se cache derrière l'immensité du temps. Au-delà de cet océan se tient un ultime mystère. L'Univers s'élève au-dessus du réel. L'âme retient son souffle. Stupéfaite, elle découvre que ce n'est pas la forme divine qui ressemble à la forme humaine. *C'est la forme humaine qui est divine!* Alors, chaque symbole se met à parler comme s'il était vivant, comme s'il était conscient. Et le devient. Animé du souffle de nos forces intérieures, l'objet le plus insignifiant peut être métamorphosé en un puissant pentacle de protection. La magie est en nous.

12

L'harmonie comme une prière

« La vie dite ordinaire est le reflet de la vie divine. Elle n'a, en fait, rien d'ordinaire. Elle est miracle »

L'ensemble des œuvres d'une personne en cheminement ne forme pas un tout parce que la même technique y est utilisée ou que la même formule y est exploitée. C'est l'attitude spirituelle unique de l'individu envers ce qu'il cherche à créer qui cimente tout son travail, qu'il s'agisse d'une intervention en guérison, en communication ou en expression artistique pure. On cherchera moins l'unité des détails de la démarche, toujours changeants, que l'unité de la manière dont on perçoit l'existence de l'âme vivante au sein de la matière inerte. Toute action peut ainsi être envisagée comme l'expression d'une *sagesse universelle.* La vie de tous les jours peut ainsi être un support de méditation et *chaque geste* nous aider à se rapprocher spirituellement les uns des autres dans une ambiance de paix familiale. La vie dite *ordinaire* est le reflet de la vie divine. Elle n'a, en fait, rien d'ordinaire. Elle est miracle. Le quotidien porte la marque des puissances énigmatiques qui circulent entre le Créateur et la création. Tout est esprit et l'esprit est partout. Tout préexiste. Tout vibre, inspire et expire, tout s'équilibre. La conscience de l'Infini est l'accoucheur primordial de toute réconciliation comme de toute harmonie. L'alchimie s'accorde avec les gestes les plus quotidiens.

L'expression spirituelle représente la conclusion, la fonction et la raison des choses que l'on fait. Sinon, pourquoi les faire? La bonté sans amour spirituel n'est qu'un calcul stérile. Dans nos relations avec le vivant, c'est-à-dire avec les humains, avec les animaux, avec les plantes, toute ornementation matérielle qui prime sur l'expressivité spirituelle est un élément inutile. *Il est futile d'orner la cage de toutes les manières possibles si l'oiseau meurt de faim et de soif à l'intérieur.* À quoi sert de vaincre l'Univers pour celui qui est l'esclave de son propre mental? Alimenter le corps sans nourrir l'âme conduit à un état d'inquiétude profond et chronique. C'est pourquoi, souvent inconsciemment, les escrocs vivent dans l'angoisse.

Pour être utile à l'harmonie de l'ensemble, toute activité ne peut être qu'une *offrande* à l'esprit de l'univers. La publication d'un livre, le vernissage d'une exposition de peinture, un spectacle de musique et de danse ou une pièce de théâtre, évoluent ainsi en actes sacrés, c'est-à-dire en *sacrifices*. Tous les efforts des intervenants, y compris les techniciens et les ingénieurs qui œuvrent dans l'ombre, sont de cette manière transmués en service divin. L'audience elle-même participe de ce rituel où tout est *sacrifié*, c'est-à-dire canalisé vers la glorification du Suprême, Dieu, l'ami secret de tous les êtres vivants. Ce genre d'événement ésotérique se produit dans la plus grande liberté. Il ne peut y avoir d'obligation. C'est un échange d'énergies ésotériques. Extérieurement, un concert se donne, comme il s'en donne des milliers de par le monde. On y joue de la musique, on y présente des danses, on emprunte différents costumes, on se sert de décors, d'éclairages et de systèmes de son. Le public a été informé, une tournée de promotion a eu lieu, des articles de journaux ont été rédigés, des affiches ont été posées, un attaché de presse a été engagé et des billets ont été vendus. C'est entendu, un spectacle a lieu. Pourtant, toute autre chose se passe au niveau surnaturel. Quelque chose de confidentiel se déroule en arrière plan. Quelque chose de sublime, de furtif et d'impénétrable se lève dans les replis de la conscience. Intérieurement, une autre forme d'action se déploie. Une cérémonie divinement magique a lieu car les noms sacrés résonnent dans les haut-parleurs et la danse est une offrande dévotionnelle, un yoga, un rite élaboré à la gloire des sentiments de la transcendance. Le concert dans son ensemble est une prière, *une façon de communier avec l'Absolu.* La raison externe de l'action est de présenter un concert. La raison interne quant à elle est de s'unir au divin. La même opération peut avoir lieu avec n'importe quelle forme d'expression, le théâtre bien sûr, où les acteurs sont littéralement habités par les Grands Esprits, mais aussi la peinture à travers laquelle Dieu peut se manifester directement, le graphisme, la poésie, la littérature, l'architecture, le cinéma, la sculpture, la photo, même l'art culinaire, et toutes les formes d'action en général, principalement les actes de guérison pure ainsi que les thérapies où entrent en mouvement les énergies subtiles des participants. Ce n'est pas une philosophie abstraite qui est exposée ici, c'est au contraire l'application d'un moyen pratique, simple et efficace, pour rencontrer son âme et recevoir la paix intérieure.

Éventuellement, même les chaînes de télévision et les stations de radio, si elles couvrent l'événement, bénéficient de l'atmosphère spirituelle qui s'en dégage. Les actes de glorification de Dieu sous n'importe lequel de Ses aspects, ont toujours un effet positif sur la santé mentale, physique et spirituelle des personnes qui y participent, même lorsque tout le monde n'en saisit pas immédiatement toute la portée. Le choc en retour, qui est immanquablement bénéfique, est actualisé tôt ou tard, consciemment ou pas. La foi des êtres qui sont déjà en cheminement s'en trouve raffermie. Un jour ou l'autre, sans savoir pourquoi, le tisserand se débarrasse des vieux habits qui encombrent son placard, le nihiliste commence à croire en sa propre conscience, l'athée détecte au fond de lui la présence d'un sentiment nouveau, inexplicable, comme la douceur rafraîchissante d'une rosée qui viendrait consoler le vide caché qu'il porte dans son ventre. Tels sont quelques-uns des effets de la beauté sacrée.

Le but principal de l'action est d'exprimer la pulsation harmonique du mouvement universel. Tout chose revient vers le centre. Les mandalas tibétains, les calligraphies musulmanes ou les rosaces des cathédrales en sont de merveilleux exemples. Le centre est Dieu. Il est le principe des condensations et des coexistences. En lui s'ouvrent l'intuition et le divin. Il laisse filtrer l'information d'un lieu intime entre tous les êtres et peut donc être conçu comme le foyer d'où surgissent et convergent tous les mouvements et tous les jaillissements de l'amour.

Chaque expérience dépend de la manière dont elle est vécue par rapport à sa position primordiale avec le centre. Ma vocation est de tout ramener au centre. Là se trouve le cœur, et sise dans le cœur, pénètre l'Âme

Suprême qui attend depuis toujours le retour de toutes les particules d'Elle-même, toutes parfaitement identiques à Dieu en qualité. Je prie pour considérer les résultats de tous mes actes selon leur relation avec ce centre, sachant que les rapports entre les différentes parties sont périlleux s'ils ne s'accordent pas avec lui. L'harmonie du centre est une prière qui me rappelle que les relations indépendantes de moi et de l'autre sont un malentendu, une supercherie, une fausse interprétation. Une telle conception ne peut durer dans le temps; elle est irréelle et erronée. Par opposition, les relations centrées sur la dimension immortelle de la vie se révèlent source de bonheur; personne n'en sort frustré ou désappointé. Cette estimation peut être faite avec toutes nos relations qu'elles soient amicales, amoureuses ou professionnelles. Sans être réunies au centre, les relations qui unissent les différentes parties d'un ensemble sont instables et incertaines. Elles manquent de fiabilité; le degré de confiance que l'on peut y accorder ne va pas bien loin. Il est risqué de s'y fier ou de compter sur elles. Elles se brisent rapidement. Voilà pourquoi sans doute tant d'unions se déchirent, tant d'amitiés se détériorent, tant de mariages finissent en divorces et tant d'accords politiques ou commerciaux s'effondrent. Comment les rayons d'une roue qui ne sont pas reliés à un centre unique pourraient-ils fonctionner convenablement? Si deux personnes décident de travailler ensemble et de signer des contrats, qu'elles commencent donc par voir si elles ont le même centre. Si l'une travaille pour l'amour de l'argent et que l'autre œuvre pour la gloire de Dieu, leur union connaîtra l'échec.

Je n'ai pas la possibilité de parvenir au bonheur sans vivre l'expérience de mon insertion dans un contexte cosmique. Je dois redécouvrir en moi le lieu consacré où se réunissent les druides au centre de la forêt enchantée. Je retrouverai ainsi le point intérieur sur quoi ma joie repose et dont dépend tout mon équilibre. Les chemins de l'harmonie sont comme une prière lancée dans l'espace. Cette prière est une incantation qui émane du centre et y revient. Elle donne accès à un processus de dilatation de la conscience qui transforme le cœur afin qu'il passe d'un état de peur et de durcissement à un état de bonté et d'attendrissement.

Le centre de l'infini est partout. La circonférence n'est nulle part. Il n'y a pas de limite. L'âme est guidée vers ce centre comme certains oiseaux sont guidés vers le sud, intuitivement. Implorant l'énergie du centre, l'âme est une mendiante de lumière qui redistribue librement autour d'elle les éclats de splendeur qu'elle a reçus comme une aumône. Voyant qu'elle ne cherche pas à garder en avare ces trésors de clarté, l'énergie divine lui en fournit plus qu'elle n'en espère! Le courant est infini. Il ne s'arrête jamais. La Source n'est jamais tarie. Tant qu'on la laisse circuler sans vouloir la conserver pour soi, l'harmonie du Suprême est disponible sans relâche. Renoncer à guérir avec cette énergie, ou l'exploiter à des fins personnelles *est* le mal. La servir et s'y dédier représente le bien. Toutes les autres conceptions de bien et de mal issues d'un calcul matériel sont approximatives; ce qui est *le mal* pour l'ego décentré est toujours *le bien* pour le centre. Au-delà du bien et du mal se trouve la Conscience qui n'a ni début ni fin. Dans cette optique, *il est vain de dire que Dieu n'est qu'un processus évolutif et qu'Il n'est pas un être.* La Substance Divine inclut tout ce qui est, de façon impersonnelle et aussi de manière personnelle. L'harmonie est une glorification de l'illimité.

13

La science de l'infini

« Le chercheur ne fait que manipuler des éléments qui existent déjà dans la nature et qui sont donc l'œuvre d'une intelligence créatrice inconnue »

D'où vient la vie, d'où vient la manifestation cosmique? Les astrophysiciens découvriront-ils un jour la date exacte de l'explosion originelle? Et si on admet qu'une telle détonation, qu'une telle commotion ait pu donner naissance à la beauté et à la complexité phénoménales de l'univers, *qui* en est l'auteur? Si on adopte le dogme quasi religieux du Big Bang et qu'on fasse soumission à la doctrine sectaire du Grand Éclatement selon laquelle une inconcevable nécessité a pu faire que d'improbables produits chimiques se soient miraculeusement mélangés et (miracle encore) aient pu tout faire sauter en créant les conditions exceptionnelles sans lesquelles la vie ne peut apparaître, n'est-on pas en droit de se demander quels étaient ces fameux produits, d'où venaient-ils et *qui* les avaient manufacturés et placés là, justement, à l'endroit précis de toutes les origines? Que doit-on penser des hommes de science aujourd'hui? Comment ne pas prendre conscience que ce qui n'est pas conscient ne peut pas produire cette chose incroyable qu'est... la conscience?

Je pensais, en lisant les bandes dessinées de ma jeunesse, que le savant, grâce à la manipulation génétique et à la biotechnologie, allait devenir l'égal du Créateur. Sans tomber dans le piège trop facile de l'anti-science, je dois avouer qu'à observer la direction que prennent les percées scientifiques spectaculaires du nouveau millénaire, je m'aperçois que toute cette mascarade n'est en fait qu'un simple piratage. Le chercheur, dans son laboratoire subventionné et commandité à souhait par d'habiles hommes d'affaires, ne fait que manipuler des éléments qui existent déjà dans la nature et qui sont donc l'œuvre d'une intelligence créatrice inconnue. En cybernétique, pour parvenir à la maîtrise des fonctions logicielles de l'intelligence, les ingénieurs ne font qu'exploiter le meilleur exemple qu'ils ont sous la main et qui est le cerveau humain. Ils cherchent à concevoir à l'envers, ou à rétroconcevoir, quelque chose qui a déjà été créé, à en copier les plans et ainsi à en pirater les modèles. On procède à une sorte de scanographie de l'intérieur du cerveau afin de saisir et de contrefaire les détails nerveux de l'outil intelligent dont le Cerveau Divin nous a doté. Nous sommes de vulgaires voleurs de plans! Au mieux, des apprentis créateurs tout juste bons à imiter grossièrement des circonvolutions dont la complexité des propriétés nous échappe. Face à l'immensité indéchiffrable du chaos et de l'organisation cosmique, nos répliques semblent insignifiantes. Seul l'Esprit Originel est véritablement créateur. Quand nous découvrons quelque chose, cette chose existe déjà, à notre insu, depuis quelques milliards d'années. On a récemment découvert des molécules de carbone, les nanotubes, qui sont cent fois plus résistantes que l'acier et cinquante mille fois plus fines qu'un cheveu humain. À l'aide de cette nanotechnologie, on planifie de faire des cellules. Ce ne sera pas un prodige. Ce ne sera encore qu'un pastiche de la cellule vivante qui transforme le combustible en énergie et fabrique des protéines et des enzymes en fonction du programme logique encodé par le Créateur dans ses mémoires ancestrales appelées aujourd'hui ADN (acide désoxyribonucléique). Nous construirons des machines vivantes et intelligentes, nous serons probablement un jour en mesure de le faire. Malgré cela, nous ne serons que de candides réplicateurs face à l'Esprit Créateur. Et même si on parvient à ne plus se limiter aux tâches que les cellules savent déjà accomplir, nos robots et nos clones seront encore confectionnés à partir d'un matériau brut créé par Dieu. Pouvons-nous comprendre l'inconcevable, mesurer ce qui est incommensurable? Pouvons-nous retenir le vent dans nos mains?

Des scientifiques annoncent à grand bruit qu'ils ont créé un animal, ou un humain, par clonage d'une cellule adulte. Alors, l'homme n'est-il pas devenu l'égal de Dieu? Et bien non. Il n'y a là que fausse propagande. Nous n'avons en réalité rien créé du tout. On a tout simplement prélevé (de quel droit?) une cellule de mammifère adulte (déjà créée) et l'avons utilisée pour imiter la nature en produisant un clone, c'est-à-dire une copie génétiquement identique. Pour devenir de vrais créateurs, il faudrait, en toute honnêteté scientifique, détenir le pouvoir de créer la cellule mère et non d'avoir uniquement l'habileté rudimentaire de l'extraire de la glande mammaire d'un être vivant. On ne fait que retirer le noyau d'une cellule, ensuite on le transfère dans un ovule dont on a au préalable éliminé l'ADN, on le cultive et enfin on l'implante comme un embryon dans l'utérus d'un être vivant. En réalité, c'est encore la nature qui fait tout le travail! L'homme ne fait que manipuler quelques éléments qui ont été créés par l'Intelligence Universelle. Que des scientifiques se proclament créateurs est une sorte d'imposture. Remonter l'horloge biologique et imiter le déclenchement du processus naturel est une chose mais créer l'horloge elle-même, créer l'organisation inhérente à la nature en est une autre. Même le terme cocréateur n'est pas justifié en ce qui nous concerne puisque pour qu'il soit recevable il faudrait être responsable d'au moins cinquante pour cent du processus de création, ce qui est loin d'être le cas; le mot cocréateur est donc imprescriptible…

Au-delà de toute science, la pensée s'échappe des eaux marécageuses du fastidieux intellect humain. L'intelligence et la logique s'éteignent quelque part entre un nuage interstellaire et une vague supposition prétendument scientifique. On nous propose toutes sortes de spéculations et d'hypothèses changeantes au gré des découvertes. Chaque nouvelle trouvaille apporte de nouvelles énigmes, de nouvelles questions sans réponse. C'est la nature même de la raison. À la fin du XIXe siècle, la mécanique newtonienne était en vogue et l'homme, ce grand naïf, pensait avoir résolu tous les problèmes de la physique. Tout a très vite explosé avec la découverte de la structure de l'ADN, la relativité et la mécanique quantique. Il a fallu réimprimer tous les livres de science. Au cours du XXIe siècle, on dénichera sans aucun doute une nouvelle mécanique par rapport à l'espace et à la séparation du temps. Il faudra encore tout recommencer, tout réapprendre, à l'infini.

Le problème est que les physiciens cherchent une description de la manifestation cosmique qui soit en phase avec le niveau de conscience de l'homme actuel. Peine perdue : la transcendance ne dépend ni de nos préjugés ni de nos opinions. Elle est indépendante, existe sans nous et n'est en rien affectée par nos constructions mentales. Les savants jonglent avec des mots savants comme molécule et chromosome, mais en réalité ils ne peuvent pas vraiment expliquer le phénomène de la croissance biologique.

La physique des particules est ainsi parvenue devant le mur pour elle infranchissable de la gravitation entre les atomes. Il faut encore une nouvelle trouvaille, une nouvelle manière de décrire le temps et l'espace. Et si la science des sciences était en nous? Et si, comme le dit la Révélation Christique, le Royaume des cieux était en nous? Si cela était vrai, alors l'Univers serait ordonné par les forces magnétiques du pur amour qui culmine dans le bonheur et le plaisir divin du Tout Biologique, Dieu, l'Être Vivant Incréé. *La description de la manière dont la dévotion et la compassion changent la vibration fondamentale des molécules, solutionnerait ainsi les grandes ruptures scientifiques qui défient de siècle en siècle nos cerveaux éphémères.*

Sans la présence de l'atome spirituel, fragment de l'Esprit Global, la source de la conscience demeure inconnue et l'origine de la pensée reste une énigme. Parce qu'elles sont issues du mental, de l'intellect et de la perception sensorielle, qui sont des outils imparfaits voués à l'erreur, les idées publiées dans les grandes revues scientifiques sont dans la plupart des cas considérées comme fausses quelques années plus tard. Ce qui est dangereux dans la recherche c'est la *motivation* des chercheurs, la science sans conscience, le sorcier sans éthique. On fait manger à des populations entières des aliments irradiés, saturés de pesticides, génétiquement modifiés, sans les en informer, sans en connaître les effets à long terme sur la santé et sur l'environnement. On fait fonctionner des engins tels que le projet H.A.A.R.P. (high frequency active auroral research program) avec lequel on envoie dans l'ionosphère plus d'un milliard de watts, ce qui creuse des trous gigantesques dans le ciel. Les conséquences de ces armes sinistres sont inconnues. La technique est pourtant brevetée, le but étant, entre autres choses, de provoquer artificiellement des changements climatiques et des tremblements de terre à des endroits précis du globe. Mais pourquoi fait-on cela? Pour quelles démoniaques raisons? Sommes-nous tombés sur la tête?

Les hommes de science, quand on parle avec eux, semblent assez heureux de leurs connaissances. Mais qu'en est-il en profondeur? Sont-ils vraiment aussi satisfaits qu'ils le paraissent? Sont-ils fiers de leurs achèvements? Qu'ont-ils accompli qui puisse les rendre si distants, si dédaigneux de Dieu? Le but de leurs efforts est de vaincre les lois de la nature, de les comprendre et de les analyser afin d'être en mesure d'avoir enfin le contrôle de la matière. À cette fin, ils inventent constamment de nouvelles méthodes pour triompher du ciel et de la terre, pour subjuguer, surmonter, assujettir et asservir la nature. Ils ont le désir de remporter la victoire sur le temps. Selon eux, ces activités s'identifient au progrès de la civilisation; plus ils parviennent à maîtriser les lois de l'énergie matérielle, plus ils se pensent avancés. Ils semblent avoir foi dans le fait qu'exercer une domination sur le monde est une preuve d'avancement. Est-ce vraiment un progrès? Ne pourrait-on pas, avant tout, investir du temps et de l'énergie dans des recherches dont le noble but serait de se dominer soi-même? Dominer ses sens, maîtriser son mental, avoir autorité sur ses propres pensées, ses propres émotions. Là, il y aurait un réel progrès.

Dominer la nature matérielle est simplement une action liée au plaisir des sens, au plaisir du mental, ce qui est encore un désir lié au temps. Ce genre de désir revêt un caractère négatif. On considère les autres comme des ennemis, on pense se venger de ses adversaires, on aspire à devenir le chef suprême, le premier de ceci ou de cela, et on se trouve automatiquement en compétition avec tous les autres. Avec de tels sentiments d'urgence, nos motivations initiales auront tendance à se modifier. Nous pourrions être alors prédisposés à nous associer à des financiers qui de toutes évidences pollueront nos actions de leurs intérêts personnels. C'est ainsi que nos plus grandes réalisations scientifiques deviennent des œuvres de mort. Comment dès lors pourrait-on connaître la paix intérieure? Sans l'ouverture et la transformation du cœur, comprendre le fonctionnement des forces grossières et subtiles de la matière n'a aucun sens.

Au-delà de la science expérimentale et de ses fruits amers, l'âme découvre la science des sages avec ses fruits de paix et de félicité qui apparaissent comme un état unique, dans une intensité vertigineuse et toujours croissante. Et s'il suffisait d'être? S'il suffisait d'accepter d'être, d'aimer être, d'apprécier d'être en transformation permanente, éternellement? Sans doute serait-il possible de comprendre ainsi comment l'univers meurt à lui-même, se transforme pour renaître, pour mourir, et pour renaître encore. La cosmologie appartient au domaine de l'inconcevable. Je pourrais scruter mécaniquement l'immensité des astres pendant des millénaires, mes observations ne me révéleront rien de crucial qui touche à la nature de Dieu, la source sidérale, parce que l'énergie divine est d'une autre essence.

Inutile, donc, d'améliorer les techniques d'exploration déjà existantes. Il convient plutôt de changer la nature des opérations. Peut-être le temps est-il venu d'explorer la conscience dans le but de s'y dédier et non de l'exploiter? Peut-être est-il temps d'abandonner notre arrogance intellectuelle? Basée sur le mental et les sens imparfaits, toute la science expérimentale ne peut qu'être déficiente et insuffisante. Parce qu'ils ne connaissent aucun point de référence autre que le puits sombre dans lequel ils sont nés, nos professeurs *Grenouille* tentent de mesurer l'océan en prenant comme repère les dimensions étroites de leurs puits. Le Dieu de l'univers est le maître de toute la métaphysique, rien ne peut l'entraver. Les scientistes, qui pensent trouver dans la science la solution des problèmes philosophiques, ont arrêté semble-t-il de faire fonctionner leur intuition lorsqu'ils ont inventé le principe de l'incertitude. Dieu n'existe plus et c'est l'incertitude qui explique tout…

Toute pensée matérielle, toute activité cérébrale non spirituelle, sont emprisonnées dans les limites du temps et de l'espace. Je suis une entité infinitésimale qui est une parcelle atomique de l'Entité Infinie; à ce titre, mon cerveau est lui-même infinitésimal et ne possède pas la puissance d'embrasser un savoir qui fait partie du domaine de l'illimité. Si je veux m'affranchir de ce conditionnement dont je suis captif et qui me garde en esclavage, je dois me rendre au cœur, résoudre l'énigme de l'amour, déchiffrer la lumière du dévouement et élucider le mystère de la tendresse et de la bonté. Lorsque j'aurai parfaitement accompli cette opération alchimique, l'illimité descendra jusque sur ma conscience, s'il le désire. La divinité connaît toute chose et nul ne peut en discerner les arcanes sans en avoir obtenu la faveur. Il y a un déplacement dans la conscience. *D'un sentiment de confiance en l'incertitude, je développe un sentiment de confiance en l'infinitude.* D'un point de soumission au limité, je me rends à un point de soumission à l'illimité. Je réalise dans le même souffle que mes appréhensions et mon manque d'aplomb sont en réalité une absence de bravoure. Le soulagement que je ressens alors en profondeur est souverain. J'ai la délicieuse impression que toutes les cellules de mon corps vibrent en harmonie. La satisfaction est totale. Je réintègre mon pouvoir divin.

La conscience s'ouvre. Des visions apparaissent. Des millions d'amas de galaxies se fondent dans la multitude des corps célestes qui forment la symphonie des mondes manifestés. Quinze milliards d'années ne représentent qu'une fraction de seconde. La fuite des gouffres s'accélère sans cesse d'une manière fulgurante. Et puis tout redevient informe, tout retourne vers la Source et y disparaît, comme avalé par la lumière qui émane de la Personne universelle. À la jointure du temps je n'ai plus le choix : *si je veux poursuivre ma quête de guérison, je dois choisir d'abandonner ma volonté d'élaboration de modèles logiques. Lâcher prise me sera utile. Je ne peux comprendre l'incompréhensible, mais je peux le ressentir, l'aimer, l'appuyer, l'honorer, lui obéir, en être l'ambassadeur et célébrer sa venue.* L'abandon en est la clé. La perception du principe de l'illumination du cœur en est la porte.

Dieu est inconcevable pour la raison. C'est ce que me dit tout bas la science de l'infini. C'est un murmure, un chuchotement, un bruissement d'ailes. Tant que mon cœur de scientifique froid et sec n'aura pas été ensemencé d'estime et d'appréciation pour la Conscience qui dirige les phénomènes du cosmos, mes statuts et mes théorèmes n'offriront à la conscience humaine qu'une grande confusion. La grâce, qui détient le sens mystique de toute équation, imprime le sceau de sa présence sur les écrans de l'esprit humain. Vouloir répertorier les amas d'univers, c'est encore avoir la volonté de posséder virtuellement un vaste ciel qui n'appartient en réalité qu'à l'Architecte originel, le Charme et la Beauté qui pénètrent tout ce qui est.

Dans un même souffle, l'horizon s'éloigne, le temps s'allonge jusqu'à l'infini et le Grand Être cosmique expire l'instant impensable de la vibration primitive. Les théories ne veulent plus rien dire. *Il y a expansion primordiale et rétractation finale.* La création disparaît et réapparaît au rythme des respirations divines. *Si Dieu est à l'extérieur, il est aussi à l'intérieur.* Chacun porte en lui-même son propre temple, son propre monastère. Pénétrer en ce lieu est une ivresse spirituelle qui rend le mental silencieux, les sens apaisés, et qui fait s'envoler les soucis. La naissance et la mort deviennent des instants sacrés. Chaque moment est alors béni.

La courbure spatio-temporelle demeure insaisissable, il n'en reste aucun vestige pour la raison. Suivant l'expiration de la gigantesque substance divine personnalisée sous la forme ésotérique du Créateur, de grandes structures s'élèvent, troublant la compréhension des anges.

Les visions fabuleuses, les nébuleuses d'une extravagante splendeur, l'interstellaire multicolore, planètes, étoiles, comètes, tous se dilatent, tournoient et dansent sans trêve durant plusieurs centaines de millions d'années-lumière sous la pulsion originelle. Ce n'est pas la matière faite de protons et d'électrons qui donne naissance à la pensée. Ce n'est pas le hasard qui crée les formes pensantes et conscientes capables de s'interroger sur l'essence des choses. Tout est déjà là de toute éternité. Parfois créés, dilatés, d'autres fois incréés, réintégrés, les êtres vivants conditionnés par la matière suivent la grande respiration de Dieu. Les deux états de la création manifesté et non manifesté se suivent dans un cycle sans fin. Au-delà existe un autre monde, lui éternel. Monde suprême qui jamais ne périt, quand tout en l'Univers matériel se dissout, lui demeure intact. Jour après jour renaîtra le jour, apparaîtra la vie, nuit après nuit tombera la nuit et tout sera anéanti, mais cet autre monde demeure transcendantal. Il brille de sa propre lumière.

Ce n'est ni l'incertitude ni le hasard qui domine le cosmos. Dans le monde des hommes de l'âge actuel, c'est l'exploitation de l'argent qui domine la justice. Mais dans le monde céleste, ce sont les désirs de l'Aimé qui dominent et gouvernent l'ordre et la beauté de l'ensemble. Cette harmonie, l'âme détient le potentiel de la ressentir, de la capter, de la canaliser, de la rassembler et de la diriger dans le sens choisi de sa guérison et de celle des êtres qu'elle rencontre chaque jour. *Et cette faculté, qui consiste à recueillir par des voies convergentes l'amour et la lumière divine pour ensuite les diriger selon des voies différentes vers le monde extérieur, tous les humains en sont dotés.* C'est une intervention facile, presque familière, tout à fait naturelle bien que nous l'ayons trop souvent oubliée, ou reléguée dans le grenier de l'inconscient collectif. Le seul prérequis est la véracité, cette forme de sincérité franche et non feinte. L'artifice, le trucage, l'astuce, l'hypocrisie, sont autant de tromperies qui bloquent toute descente d'énergie spirituelle. La moindre de leur apparition ferme les portes du cosmos. Un simulacre de réalisation spirituelle ne donnera rien. *On ne peut pas reproduire expérimentalement les conditions réelles dans lesquelles devra se produire une descente d'amour divin.* La science restera toujours inopérante dans ce domaine. Tout dépend de la grâce d'En-Haut. Au niveau des énergies transcendantes du cœur, on ne peut feindre ou faire paraître comme réelle une chose qui ne l'est pas. C'est le privilège de l'infini et de sa science intuitive. C'est le côté féminin du divin en nous. C'est l'évolution irréversible de la nouvelle humanité. C'est le triomphe de l'intuition sur la raison.

En définitive, comment la supposée fluctuation quantique d'un vide hypothétique pourrait-elle donner naissance à la matière, et surtout, à la conscience? La science expérimentale et la métaphysique n'explorent pas les mêmes dimensions de l'espace. L'homme de science, dans le contexte de l'âge présent, n'a pas accès à la multi dimensionnalité de sa conscience *parce qu'il n'y croit tout simplement pas.* S'il veut prendre conscience de sa propre conscience, il devra commencer par l'apprécier, avoir pour elle de la reconnaissance et finalement, apprendre à l'aimer.

D'innombrables bulles d'univers s'échappent des pores de la peau de Dieu. Elles y retournent une fois parvenues aux limites du temps. La vie vient de la vie et y retourne. Une éternité plus tard, le même cycle reprend. Tout se remet à danser. L'âme qui progresse sur les sentiers de l'aube grave sur son front en lettres inconnues le

Nom qui soutient les astres dans l'espace. Qui pourrait décrire la joie qu'elle ressent? Elle est consciente de la présence du Bien-Aimé. Parfaitement libre de rejeter cette divine présence, elle préfère désormais l'accepter; elle choisit de la garder dans le fond de son cœur. Elle est guérie. Elle entend la musique de l'Absolu dans l'espace. Un changement radical en quelque sorte…

14

Vers une nouvelle sensualité

« Même le désir sexuel peut être engagé au
service de notre partie divine »

L'être humain est par nature un être sensuel. Selon la vie des maîtres, le mieux-être parfait consiste à se rendre naturellement arbitre de ses propres sens. Il s'agit toujours de les gouverner, de les diriger, d'en devenir le directeur, le chef, le patron. C'est-à-dire d'éduquer ses organes sensoriels. Nul ne peut connaître un état de paix durable s'il est le serviteur de ses sens. Ce sont au contraire les sens qui doivent être mis au service de l'âme. D'après ce que j'ai pu observer, le maître ne cherche pas artificiellement à rendre ses sens inactifs. Sa sensualité est différente : il préfère donner à ses organes de perceptions un champ d'action positif. Par la pratique du service de dévotion (commençant par l'écoute de ce qui a trait à la Sagesse Universelle), le sage devient graduellement capable de balayer de son mental toute conception matérielle de la réalité. Dans cette perspective, c'est l'esprit qui dirige les sens et non les sens qui guident l'esprit. Les organes des sens sont des membres *actifs* du corps et leurs activités ne sauraient cesser. *Mettre un terme à l'activité des sens ne peut être qu'artificiel et n'aboutir qu'à un échec. Les sens ne peuvent être maîtrisés que si on les engage dans des actes positifs.* Le service de dévotion fournit l'occasion d'engager les sens dans des actes qui les purifient. Ce service actif s'oppose à l'inaction, au non-agir. Cette nouvelle sensualité est progressive. Elle a pour effet d'aider l'âme à réaliser qu'en dehors de Dieu, rien n'existe et que tout peut être engagé dans Son service. Cette vision est une quête qui se situe dans la conscience du guerrier éclairé, après un entraînement prolongé des organes de perception, selon un processus qui trouve son aboutissement dans *la réalisation et l'acceptation de Dieu comme la totalité de ce qui est.* Par la grâce mystique d'En-Haut l'âme qui emprunte cette voie reçoit la révélation de l'intérieur, au plus profond de sa conscience, *directement dans son cœur.*

L'intensité de ma vie intérieure n'est garantie ni par la conquête des sens, ni par la soumission totale à leurs insatiables appétits. Elle passe par la découverte de la source d'où jaillissent mes pulsions innées pour l'acte d'étreindre de toute la force de mon être. Où se trouve cette source? Au point de jonction de l'amour et de l'esprit. Là se tiennent l'accomplissement, la réalisation de mes désirs transcendants, la satisfaction émotionnelle de mon âme, l'exaucement de mes vœux les plus secrets. Là se tient l'immaculé. Selon les maîtres de la pensée védique, la fascination des sexualités limitée aux organes génitaux n'est pas en soi quelque chose de prodigieux. Il y a davantage: il existe une autre sensualité dans laquelle on ne mesure pas son bonheur au degré d'excitation des corps. L'amour spirituel est la sexualité du Soi. Aimez votre compagnon, aimez votre compagne, voyez en vos proches l'Être Divin. L'erreur est de renoncer à l'amour humain sous prétexte de cultiver l'amour divin. Le couple est un sanctuaire. Et il l'est sous toutes ses formes car il n'y a pas d'exclusion à l'amour.

L'Être divin n'est pas jaloux. Il n'est pas crispé sur un nuage. Il n'est ni nerveux ni tendu. Il est Dieu, le Fascinant. Il n'est ni énervé, ni coincé, ni fâché. Il joue avec Ses amis dans les forêts magiques du monde spirituel et Se baigne dans des rivières cristallines en compagnie des jeunes filles du village voisin. Ses actes ne sont matériels qu'en apparence. En réalité, chacun de Ses gestes est absolu. Sous un aspect ultime d'Amant, Dieu satisfait pleinement les émotions les plus intimes. Il est le flûtiste qui charme tous les vivants. Chez Lui, la sensualité indépendante du moi humain est clairement distincte de la sensualité sublimée de l'amour divin. Les sens tentent de jouir indépendamment de l'âme. Cela est irréalisable. Par contre, lorsque l'âme est heureuse, même les sens éprouvent du plaisir. L'âme inclut la perception sensorielle alors que l'activité des sens n'inclut pas l'âme. Lorsque j'ai à ma disposition cent mille litres d'eau, j'en possède aussi dix mille. Le dix mille est inclus dans le cent mille. Ainsi, chercher d'abord la jouissance spirituelle de l'âme, revient à satisfaire l'ensemble de l'individualité. *Cherchez d'abord le royaume des cieux et tout vous sera donné de surcroît* dit l'Évangile. Il y a source d'harmonie. À l'opposé, quand les sens ignorent les besoins essentiels de l'âme, il y a dissidence, dichotomie de la conscience. Sous l'impact de l'angoisse chronique provoquée par cette rupture entre l'activité désordonnée des sens et l'être profond, le comportement des individus au sein de la société devient irrationnel. Très vite, le dysfonctionnement social entraîne le déclin de la civilisation et le retour de la barbarie.

Penser que Dieu est bon et que le sexe est mauvais n'aidera pas. La répression artificielle explose tôt ou tard sous forme de perversion. Tous les débordements que cela provoque se résolvent dans un sentiment de vide, de solitude terrible et de frustration. La conception révolutionnaire de la sexualité mystique est très éloignée de l'approche négative et répressive telle qu'on a l'habitude de la voir exposée – et imposée – dans la plupart des politiques religieuses. Il ne s'agit pas non plus de la démarche *tantrique.*

Dans l'âge actuel, personne ne pratique vraiment la voie du *tantra*; nous avons affaire à un simulacre du véritable *tantra* dont les règles et les principes tels qu'expliqués dans les Védas sont impraticables aujourd'hui d'un point de vue strictement technique. L'ascèse authentique du *tantra* sexuel canonique tel que mentionné par les *Vedas* est inapplicable dans le *Kali-Yuga*, l'âge que nous traversons. Nous souffrons, entre autre chose, d'une durée d'existence trop courte.

La difficulté réside dans le fait que nous n'avons pas l'habitude d'envisager la sexualité autrement qu'en dehors des limites du vénérien. L'activité cérébrale et sensorielle nous tiennent sous leurs emprises et la société dans laquelle nous évoluons nous force littéralement à nous identifier à notre corps physique. *Nous pensons être le corps.* Nous en sommes certains et toute éventualité qui ne privilégie pas le physique est pour nous une fiction. La ligne de pensée matérialiste qui prédomine dans tous les secteurs de la civilisation, y compris la culture et les médias, nous hypnotise. Il s'agit d'une dangereuse manipulation mentale. En réalité, non seulement nous sommes différents du corps physique, mais en plus nous avons de multiples corps. Le corps de chair n'est que la couche externe de notre existence. Nous possédons un corps subtil, fait d'intelligence qui se souvient de tous les détails de nos actes, et qui survit à la destruction du corps physique. Nous avons également un corps émotionnel, un corps mental. Éventuellement, nous avons aussi un corps spirituel qui possède bien plus d'émotions que le corps de chair et connaît une sexualité qui lui est propre, distincte des laborieux exercices du plan physique.

La conception de l'Être Divin permet à l'âme d'éprouver des émotions absolues. À travers de tels sentiments, l'âme réalise à pleine satisfaction, sa sexualité spirituelle. Les concepts impersonnels du vide et de la vacuité n'apportent que peu de répit parce qu'ils n'offrent aucune information concrète sur la sexualité transcendantale de l'âme. Par ailleurs, considérer le sexe comme une chose négative provoque des perversions nuisibles à la société, preuve en sont les scandales permanents des différents ordres religieux, toutes confessions confondues. On ne peut pas mettre impunément la poussière électromagnétique de l'énergie sexuelle sous le tapis de l'inconscient très longtemps. Nos prêtres d'Orient ou d'Occident, dont les institutions croulent sous de multiples accusations de pédophilie, l'ont appris à leurs dépens. De tels concepts, qu'ils soient issus du Bouddhisme (vacuité) ou du catholicisme (négation de toute sexualité pour les prêtres), peuvent être considérés comme négatifs pour l'ensemble des corps de l'être humain vu qu'ils n'amènent pas la plénitude émotionnelle de l'âme vivante.

Faire baisser la température des sens est un bon début pour élever les vibrations de la conscience, mais si je m'arrête là, j'érige une sorte de barrage pour stopper le grand fleuve du toucher, du goût, de la vue, de l'odorat et de l'ouïe. La digue risque d'être emportée à tout moment. Suspendre l'activité des sens, c'est prendre des risques avec soi-même, et entraîne une vie trop contraignante. Contenir les sens ou les retenir de force est dramatique. Les sens ont besoin d'être actifs. Le mental a besoin d'être actif. L'âme a besoin de désirer. Il n'est pas sain de vouloir les désactiver. Je ne cherche pas à les arrêter, je veux les spiritualiser. Ainsi, l'ego évolue en harmonie avec l'âme. Au lieu de subir un écartèlement intérieur entre le corps et l'esprit, toutes les parties de l'être vibrent à l'unisson.

Le simple abandon des vives inclinations pour l'excitation des sens ne reflète pas immanquablement l'expression de l'amour. En outre, il est déconseillé de décrocher complètement du contexte physique sans s'y être très longuement préparé. Quand on perd contact avec la réalité, on s'étiole. Le résultat de ce dépérissement est la dépression. Seule l'action dans l'existence donne de l'énergie.

Cependant, l'action juste, celle qui affranchit au lieu d'asservir est un acte libre de tout désir de jouissance égoïste. On s'engage dans l'action juste à seule fin de satisfaire l'Être Suprême; l'action est ainsi libre de toute conséquence. Il y a unification du corps et de l'esprit, investissement du sentir. L'attention, l'imagination, l'intuition, l'émotion, le sentiment, et toutes les sensations subtiles du corps spirituel sont utilisés dans un engagement total de la personne, non pour fuir la réalité de l'existence, mais au contraire pour l'investir et la transformer. L'amour que je ressens pour l'Être Divin est une sexualité au-delà de toute sexualité. C'est une sensation transcendantale qui inclut toutes les autres sensations. Même le corps physique qui se place tout en bas de l'échelle des sensations, s'en trouve satisfait. Chercher d'abord le plaisir de Dieu, c'est ressentir simultanément tous les autres plaisirs. Ce sont les limitations, les rigidités apprises d'un esprit conscient uniquement du plan physique, surévalué à tort par notre civilisation, qui génèrent les blocages. Sans l'expérience de la conscience de Dieu, l'âme cherche à tout prix le plaisir limité des sens. Ce plaisir ne peut la combler. L'angoisse chronique qui se répand comme une épidémie dans la société actuelle provient en grande partie de ce déchirement entre ego humain et moi divin. Je revendique la réconciliation entre l'âme et le corps, je demande l'arrêt des combats et la fin de la guerre intérieure.

L'Absolu n'est pas limité à son aspect de lumière impersonnelle ou d'énergie localisée au cœur de chaque atome. Au-delà de ces réalisations, Dieu se révèle éventuellement comme une Personne dont nous sommes issus. La Mère Divine, une avec Sa lumière et Ses énergies, se révèle à l'âme invitée à partager diverses relations d'amour avec Elle. Il existe en Dieu une spiritualité sexuellement positive. Dieu n'est pas asexué. Cette conception est réelle et les sentiments qu'elle génère le sont aussi. Bien qu'elle soit toute intérieure, elle apporte une harmonisation globale de nos irrésistibles impulsions et nous aide à comprendre que tout ce qui existe dans la matière puise son origine dans la réalité spirituelle. Les visions de l'Absolu qui n'incluraient pas un Dieu personnel et sexuel, à la fois féminin et masculin selon différents aspects, seraient forcément restrictives, répressives, contraignantes et donc cause d'inhibitions. Les relations transcendantales sont l'essence de la vie. Dans ces relations, il n'y a ni absence de plaisir, ni sexualité grossière réduite à une friction d'organes. Ce sont des communions situées au niveau absolu. Le problème est que mon petit cerveau a toutes les peines à accueillir le concept d'un Absolu personnel. Quand il entend parler de personne, le cerveau fait tout de suite une association d'idées avec les personnes dont il a l'expérience. Mais il s'agit ici d'autre chose. *Dieu est une Personne infinie.* Bien qu'il y ait la présence de deux individualités (l'âme et Dieu) il y a absence de dualité. *La dualité n'est pas générée par l'individualité, mais par le désir de jouir séparément du Tout.* Dieu et l'âme s'aiment d'un amour sans intérêt personnel. L'âme distincte et l'Âme Suprême sont unifiées dans une relation d'amour. C'est ici que se situe la clé de l'énigme : *l'affranchissement de l'illusion ne consiste pas à annihiler en nous tout désir, toute émotion, tout sentiment, tout plaisir et toute pensée; l'âme est réellement libérée quand son intention s'unit avec celle de Dieu.* Elle n'a pas à se fondre en Lui. Elle pénètre dans un état de bonheur ponctué de ravissements, d'extases, de transports amoureux et de toutes sortes de plaisirs que de simples rapports physiques seraient bien incapables de provoquer. L'âme ne perd jamais son individualité. Quand un oiseau vert se fond dans le feuillage vert d'un arbre, il demeure distinct et son individualité ne disparaît pas pour autant.

Le corps spirituel n'est pas fait d'os, de muscles, de mucus, de peau ou de nerfs. Il est constitué de bonheur, de conscience et d'un élément qu'on pourrait nommer présent éternel. Pour y avoir accès, le spiritualiste n'enflamme ni ne repousse les perceptions sensorielles de son corps physique. Sa vision positive du corps sexué et du corps spiritualisé le porte à tout engager au service de l'éveil de sa conscience. Parce que j'expérimente tant de douleur dans la forme, je m'imagine un Absolu qui serait à l'opposé, c'est-à-dire dénué de toute forme. Mais sans forme et sans individualité, les relations d'amour que je désire désespérément ne sauraient exister.

À une époque où les victimes du Sida vont éventuellement dépasser le chiffre symbolique de 100 millions, l'avènement d'une révolution dans nos mœurs sexuelles est une excellente nouvelle. *Il y a dans la fidélité plus de virilité, plus d'agréments et plus de bonheur que dans la surabondance de partenaires sexuels.*

La réalité n'est pas dénuée de toute diversité ou de toute individualité. Je ne peux pas limiter la vérité à une lumière impersonnelle non manifestée. Bien que la partie contienne le tout, elle n'est pas identique à lui. L'idée d'une conscience unie, englobant l'espace et le temps, dans laquelle chaque parcelle contiendrait l'ensemble et en serait donc identique, comme dans un hologramme cosmique, est une pensée incomplète. Parvenir sur les rives de la conscience ne suffit pas. L'âme ne peut se suffire d'une vague abstraction, elle désire plonger dans les profondeurs de l'océan. Au-delà de l'aspect de lumière et d'énergie, l'Absolu se manifeste comme un Être personnel non duel. Sa vérité est si vaste qu'elle contient une diversité qui se situe au-delà de toute illusion. Tout se passe comme s'il existait des niveaux plus subtils de sensualité. *Nous possédons des sens spirituels inexploités.*

La vision exclusive de l'unité de l'âme et de Dieu ne permet pas l'amour puisqu'elle nie la réalité du monde en rejetant l'idée même du Soi et de l'individualité de l'être vivant. Pour être complet, l'Absolu doit être diversifié et unifié simultanément. Je ne peux développer de relation avec Dieu si je suis *Un* avec Lui, mais comment aimer Dieu si j'en suis différent? La vision exclusive de la disparité entre l'homme et Dieu ne permet pas l'amour non plus parce qu'elle crée un gouffre infranchissable entre eux deux. Toutefois, si l'unité répond aux besoins de l'intuition humaine (je suis Dieu), la différence entre l'humain et le divin reste une chose indéniable (je ne suis pas Dieu). C'est pourquoi, quelque part, l'unité se fond dans la différence. *Tout est Un et différent simultanément.*

Dieu et l'âme sont Un et au même instant, l'âme en est dissemblable, distincte. *L'homme et Dieu sont équivalents, homogènes, analogues, et en même temps ils sont disparates, hétérogènes et inégaux.* Paradoxalement, ils sont identiques et variés à la fois. Le pot de terre est fait de terre, il est donc Un avec la terre mais il en est conjointement différent parce qu'il n'est pas *toute* la Terre. Je peux créer une œuvre d'art, mais puis-je créer l'univers? Dieu m'aime et je L'aime. Notre inconcevable relation rend possible ce qui ne l'est pas. Notre amour est le mariage positif des opposés. Entre nous, il n'y a ni unité absolue ni différence absolue. Il y a symbiose, c'est-à-dire association qui est profitable à chacun de nous. Toutefois, si je décide de me séparer de Lui, Dieu peu très bien se passer de moi, parcelle insignifiante, alors que je ne peux me passer de Ses énergies, puissances qui maintiennent les planètes dans l'espace. La source des énergies et les énergies elles-mêmes sont Un. Dieu se diffuse partout et simultanément Il reste Un. Suprême coïncidence... La substance divine est un principe d'unité sous-jacent à tout objet distinct, ce qui ne l'empêche pas d'avoir sa propre personnalité au même instant. Certains vont se fondre dans la lumière divine, d'autres vont avoir l'Individu Suprême comme éternel compagnon. Toutes les âmes ne réagissent pas d'une manière identique aux mêmes émotions. Cela provient de la différence de sensibilité de chaque fragment de vie. Chaque personne n'utilise pas les mêmes aspects de la réalité pour justifier le plaisir qu'une relation particulière, ou qu'une situation, lui procure.

Je peux être distinct de l'Absolu sans pour autant perdre la vision unitive. Je peux avoir des sens et un esprit imparfaits et tout de même entrer en relation avec Dieu. Sans cette vision de mon unité et de ma disparité divine, parler de la forme originelle et des divertissements du Divin n'a aucun sens. Il y a quelques années, j'ai visité un centre de thérapie. Dans une pièce, des gens étaient assis, les yeux fermés, et ils chantaient solennellement cette petite phrase qu'ils répétaient encore et encore : *Je suis Dieu.* Selon les sages de la science védique, il est bon de toujours préciser que l'âme est une partie divine. Elle n'est pas Dieu en totalité. Dieu peut-il avoir des accidents de voiture, tomber d'une échelle? On veut se faire bien voir pour différents motifs, alors on dit aux gens qu'ils sont tous Dieu. Ou alors on ne veut pas se faire mal voir et on dit que Dieu n'existe pas, sans trop se documenter sur la question, ou encore, on suit la mode et on dit que Dieu est impersonnel, sans forme, etc.

Dieu existe. Ce n'est pas une question de religion ou de croyance, mais d'émotion et de conscience. Ce n'est pas un dogme établi, c'est une quête infinie. L'âme et Dieu ont, de façon naturelle, la même liberté, la même fidélité, la même potentialité, mais il y a une différence fondamentale entre le fragment et le Tout: je suis sujet à devenir infidèle à Dieu et à tomber victime de l'illusion alors que Dieu m'est inconditionnellement fidèle. Sous l'hypnose collective de l'illusion je m'identifie à l'ego humain et me pense différent, indépendant de l'Absolu. Par ailleurs, dans le royaume de la matière, un homme a besoin d'une femme et une femme a besoin d'un homme et la fidélité entre une femme et un homme apporte quelque chose de plus extatique que le plaisir d'entretenir plusieurs partenaires sexuels. La fidélité fait naître, dirait-on, une forme de calme intérieur bienfaisant. C'est un sentiment qui apaise et qui semble vraiment faire du bien alors que l'infidélité cause toujours une sorte de trouble intérieur. Ne s'agit-il pas d'avoir expérimenté les deux pour en parler? La fidélité humaine est proche de la fidélité divine.

L'Absolu, sous n'importe lequel de Ses aspects, est attiré, aimanté, par mon sincère désir de Le connaître, de Le servir, de L'aimer. Dieu a des sentiments, il a de l'affection pour la moindre de Ses forces vitales. Cet amour est d'un autre monde. C'est une émotion qui ne connaît aucune autre motivation que l'amour lui-même. C'est un émoi qui est frisson, attendrissement, communion. Je deviens Un avec la Personne Suprême en intention. Avec Elle, j'ai le même dessein. Je suis incapable de maîtriser ce qui se situe au-delà de ma conscience, mais je suis apte à recevoir l'amour, qui monte du cœur tout en descendant du ciel, à travers mes prières, mes méditations, mes incantations, mes danses, mes rituels et toutes les petites lumières qui éclairent ma vie. Je peux faire un bout de chemin avec l'intellect. Puis, à un moment donné, je dois continuer sur une route intuitive. Le chemin devient invisible. Je suis incapable de le concevoir. Je n'ai aucun point de repère, plus de morale, plus de philosophie, plus de société, plus d'ego. Mes guides spirituels me montrent la voie. J'ai alors la liberté de laisser mon âme aller là où seul l'amour peut aller. C'est un choix personnel.

Dieu, l'objet de ma méditation, a le loisir d'apparaître sous un nombre infini de formes, de Se manifester à plusieurs endroits en même temps, sur différents plans, dans de multiples dimensions. Mes visions dépendent de Sa grâce. Par mes propres techniques, je ne peux atteindre Son domaine, mais je peux servir.

Généralement, on ne veut pas servir, on préfère être servi. Pourtant, tout le monde sert quelque chose ou quelqu'un sans s'en rendre compte.

Pour l'argent, on sert l'employeur, les créatifs servent les agences de publicité, les commerciaux servent les clients, les directeurs généraux des multinationales se font servir par leurs employés et servent eux-mêmes les banquiers, les consommateurs et les actionnaires pour lesquels ils travaillent. On sert le patron pour de la nourriture et un logement, l'université pour le savoir, le public pour la renommée, nos propres sens pour des miettes de plaisir. On sert les pauvres pour qu'ils nous voient comme leur sauveur. On est au service des gratifications de l'ego. On sert l'État, l'armée, l'Église, le gourou. Tout le monde est au service de quelque chose ou de quelqu'un. Le chef de famille est au service de ses enfants, le drogué est au service de ses pilules. Malheureusement, sans amour désintéressé, le service devient exploitation. Le service d'amour est différent. Il ne cache aucune motivation personnelle. De plus, il a la propriété de redonner à l'âme un corps spirituel, une enveloppe de lumière immortelle. Plus le service est libre, plus l'enveloppe se développe, comme une petite plante qui pousse peu à peu. Et il se passe éventuellement cette merveille: le corps de chair devient graduellement corps de lumière. Le matériel se spiritualise. La pure sexualité du corps spirituel m'est inconcevable, impensable, insupportable tant et aussi longtemps que je pense être un corps physique voué à la maladie, la vieillesse et la destruction. Pourtant, lentement, sous l'impact de l'amour, le serviteur, humble et tolérant, patient, comblé, parvient au niveau de la beauté et de l'extase. Il n'est pas Dieu: il est plus que Dieu. La clarté de son cœur tient toujours l'Être Suprême sous son emprise, le Divin est conquis par son amour.

Si mon désir est de ressentir l'extase divine, il serait périlleux d'accepter l'intrusion d'un désir sexuel qui ne viserait *que* la stimulation de mes sens ou leur satisfaction subtile sous une forme ou une autre. Cela ferait obstacle à la descente des émotions divines en captant à leur place des énergies rivales. En général, l'excitation vitale que cela produit est un plaisir qui semble grand mais qui est en réalité une diminution du bonheur infini. Identifié au corps de matière, je pense que le plaisir des seuls organes génitaux représente le sommet du bonheur. Identifié au corps de lumière, je pressens qu'il existe quelque chose d'encore plus vaste, d'encore plus haut, un goût supérieur, une forme de sensation nouvelle qui semble m'embrasser et me protéger en tout temps et en tous lieux. Toutefois, l'impulsion sexuelle ne peut jamais être considérée comme un péché qui attire ou qui révulse. En elle-même, elle n'est ni captivante ni horrifiante. Chaque individu réagit selon une idiosyncrasie qui lui est propre et doit tolérer les divers résultats que ses impulsions non maîtrisées lui rapportent. Il s'agit tout au plus d'une provocation vitale. Il convient de traiter cette agitation avec diplomatie et souplesse. Être puritains ne nous aidera pas. La répulsion déclenche à coup sûr l'attraction… J'ai pu l'observer dans plusieurs associations religieuses au sein desquelles certains membres trop zélés devenaient rigoristes et affectaient un respect sévère et intransigeant des principes imposés. Une trop grande austérité durcit le cœur. Aussi, l'amour humain magnifié peut-il donner accès à l'amour divin. Dieu lui-même devient l'acte sexuel lorsque celui-ci est sublimé, transformé en acte spirituel afin de procréer des âmes saintes. Même le désir sexuel peut ainsi être engagé au service de notre partie divine. *Le sexe aussi peut être divin.* Accompagné de nobles sentiments, il est sublime. Les religions qui le répriment artificiellement sont vouées aux catastrophes psychologiques des dérèglements sexuels criminels de leurs adeptes.

La Douceur Infinie, après tout, Se révèle à Son dévot sous l'aspect sous lequel Son dévot l'apprécie. La libéralité de Dieu est à toute épreuve. Les athées peuvent la percevoir sous la forme du temps qui dévore la matière. La mort distille dans les cœurs les émotions qui ouvrent l'écrin de contemplations nouvelles et inattendues. Certains demeurent bloqués, comme immobiles sur des plans de conscience qui correspondent à leur pensée. D'autres détectent la présence divine en tout, le merveilleux comme le terrible, le succès et l'échec, la vie et la mort. Leurs sentiments se développent et se dilatent à l'infini sous l'impact simultané de la prière et du détachement. Un sens d'unité avec autrui déclenche un sens d'unité avec l'Aimé. L'amour se révèle de lui-même. *Être en présence d'un être qui aime Dieu éveille en l'âme le feu de l'amour divin.* L'étincelle d'amour brille de son plein gré. Elle irradie sa clarté et sa liberté.

Mon évolution animale serait donc sur le point de conquérir les jouissances infinies d'une dimension inconnue. J'entrevois de calmes étendues, même si les monstres du scepticisme, du cynisme et du doute me ferment encore les portes des horizons lumineux. Dieu n'est pas seulement un état de pure infinitude hors du temps. C'est aussi un Être, merveilleux, inestimable, ravissant, avec qui je peux parvenir à une intimité très proche. Il est le véritable ami, l'éternel compagnon du jeu de la vie. Tout ce qu'Il fait, bonheur ou malheur, amène mon âme à la perfection. *Il est aussi l'acte sexuel quand un enfant naît suivant la volonté des deux partenaires.* Même s'Il me brise le cœur par Son absence, c'est encore pour me conduire vers une liaison plus intime, vers cette région où j'aime même si je ne suis pas aimé, sans autre bonheur que celui d'aimer. Comment me sentirai-je seul si j'aime juste pour la joie d'aimer? Le royaume spirituel n'est pas frigide. Il y brûle une flamme dont la chaleur dépasse tout ce qui est connu. Cette ardeur ne pose pas de conditions, et pour la ressentir, pour se l'approprier, il n'est pas nécessaire de n'avoir ni sentiment, ni émotion, ni sympathie, ni sens de la proximité. Nier mon impulsion sexuelle ne me sera d'aucune utilité. Lorsqu'elle survient, j'observe les images qu'elle suggère, analyse tous ces mouvements de la vitalité humaine qui s'agitent pendant quelques décennies, chante doucement la prière de mon cœur et attends que la conscience divine transforme tout désir vital en union transcendantale. Idéalement, mes relations personnelles ont pour centre cette union divine. Je renonce ainsi à la jalousie, la rancune, l'animosité, l'esprit de vengeance, l'amertume, l'aigreur, et tout autre ressentiment toxique. À la place de l'attachement égoïste, j'obtiens la joie du pardon. Que tout en moi soit félicité. Tel est mon but. Placer l'Âme de l'Univers au centre de mes liens affectifs n'est pas une négation totale de mes sentiments, négation par ailleurs impossible. En tant qu'être vivant je dois nécessairement nourrir de l'affection pour d'autres êtres, n'est-ce pas là un des signes de la conscience? L'attirance pour autrui est un trait de la vie qui ne saurait être anéanti, tout comme le désir. L'objet de ce sentiment demande seulement à être modifié: déprendre le désir du plaisir égoïste des sens et l'orienter vers la racine du bonheur, le service d'amour de l'Absolu. Il suffit que mon penchant pour la satisfaction des sens physiques se transforme en désir de satisfaction divine pour qu'au lieu de m'apporter la douleur, il m'offre la plénitude.

En voulant désespérément rendre le monde pur, on crée une situation dramatique dans laquelle l'énergie sexuelle réprimée n'a d'autre choix que de déraper vers des activités contraires à la nature. Au lieu de glorifier et de célébrer l'union saine entre deux êtres, certains religieux encouragent le célibat artificiel ouvrant ainsi les portes de toutes les perversités.

Dans d'autres associations religieuses, il apparaît que l'énergie sexuelle est complètement relâchée, il n'y a plus aucune maîtrise; aussitôt qu'un désir s'éveille il est assouvi. Je suis étonné par l'impraticabilité de ces deux extrêmes. Ces méthodes sont invraisemblables dans le contexte d'une société harmonieuse. Le relâchement des mœurs comme la continence totale mènent irrémédiablement au désappointement de l'individu. Les relations spirituelles avec le Maître du Cœur peuvent assurément combler l'être humain, toutefois lorsque le corps tout entier se trouve comme accablé de désirs charnels et que le mental est incapable de maîtriser ses puissants appétits sexuels, la nature nous rappelle, dans sa sagesse et sa simplicité, que les êtres humains ont le droit et le devoir légitime de s'accorder mutuellement protection en s'accouplant et en demeurant attentif l'un à l'autre. L'humanité ne fera pas forcément marche arrière en réhabilitant par exemple la sainteté du mariage. Parvenu à un âge avancé, le renoncement se fait de toute façon naturellement. Par contre, dans la force de l'âge il peut s'avérer dangereux de jouer les grands renoncés. Évidemment, il existe une dérogation à cette norme. Certaines âmes sont particulièrement avancées sur le chemin qui mène à la dissolution de l'ego matériel. Elles ne s'identifient plus à leur enveloppe élémentaire. Il est naturel pour de tels êtres de transcender à n'importe quelle âge tout désir sexuel relié au seul véhicule physique. Cependant, il s'agit là de très rares exceptions.

L'existence matérielle, conditionnée par l'identification au corps et aux sens, se fonde sur la satisfaction des sens, et si une âme a l'heureuse fortune de rencontrer un compagnon honnête ou une compagne fidèle, elle sera assistée à tous égards. Tout porte à croire que les voies spirituelles qui n'encouragent pas une telle union saine et fidèle ne font que créer des associations de faux renoncés qui vont chercher à assouvir leurs sens de façon singulière; la manière la plus odieuse étant l'exploitation des enfants au sein de mouvements religieux.

S'il fallait imaginer une nouvelle spiritualité qui serait en mesure d'harmoniser l'énergie sexuelle, pourquoi ne verrions-nous pas *les êtres humains se considérer mutuellement comme la source de leur libération* puisqu'ensemble ils s'aideraient afin que l'un et l'autre parviennent finalement à cette délivrance? Le faux renoncé est perturbé tôt ou tard et son énergie sexuelle réprimée artificiellement l'enlise dans la conception matérielle de l'existence. Sans compter qu'il entraîne avec lui une ou plusieurs victimes. Au contraire, deux êtres sincères s'aident mutuellement à satisfaire tous leurs désirs matériels pour assurer leur bien-être et leur permettre de se consacrer librement à des activités menant à la perfection de la vie. Et quand l'un progresse sur la voie spirituelle, l'autre participe indubitablement à ses activités, en sorte que le couple s'élève ensemble vers la perfection spirituelle. Évidemment, si ni l'un ni l'autre n'est conscient de l'art sacré des sentiments spirituels, l'union ne favorisera pas l'éveil de la conscience. Par contre, s'ils sont instruits dans cet art, ils formeront ensemble une heureuse combinaison pour le développement de la mission humaine.

Lorsqu'une âme se dégrade, elle oublie la vision et les valeurs du mieux-être intérieur, et rabaisse alors sa compagne ou son compagnon à un simple objet de satisfaction sensorielle. Dans cet esprit, la beauté corporelle devient le premier facteur d'union, et sitôt que survient un obstacle à la satisfaction sensorielle, il y a rupture, ou divorce. Une union positive entre deux êtres montre à l'inverse une coopération mutuelle accomplie dans un esprit d'entraide en vue du progrès global des deux personnes. Deux êtres unis ne troublent pas l'ordre social, alors que l'individu qui a adopté l'ordre du renoncement à un âge encore jeune éprouvera consciemment ou non le désir de jouir des plaisirs sensuels et deviendra une source de problèmes pour tout le monde. En définitive, l'énergie sexuelle n'est ni bonne ni mauvaise, c'est une énergie neutre, tout comme l'électricité avec laquelle on produit du chaud ou du froid. La vie sexuelle peut être à l'origine de l'esclavage matériel. *Nul ne saurait échapper aux impulsions sexuelles, même caché sous une robe de religieux.* La vie sexuelle peut aussi être une source d'équilibre. Unit par un amour véritable, le couple est protégé des assauts de l'illusion que représentent la non-maîtrise des sens.

Je suis conscient que la fidélité dans l'union (quelle que soit la nature de cette association) demeure un concept tout à fait relatif. En outre, il devient aujourd'hui évident que l'amour pur et vrai peut consentir à toutes sortes d'alliances et obéir à toutes sortes de pulsions. Toutefois, la recherche que nous avons entreprise ici est avant tout une quête de vision, une exploration de certaines valeurs oubliées qui méritent qu'on les considère sous un angle nouveau. Accomplir des gestes propices à la dévotion et renoncer volontairement à ceux qui lui sont néfastes sont également des choses qui ne sont pas nécessairement accueillies avec enthousiasme. On veut être libre et faire tout ce dont on a envie; on veut tout, tout de suite. Il s'agit néanmoins d'une attitude de première adolescence. En réalité, on devient dépendant de ses propres sens, captif de ses ivresses, prisonnier de ses fausses voluptés, esclave de ses propres appétits sensuels. Après avoir expérimenté la libération sexuelle vers la fin des années 60 et la révolution psychédélique du début des années 70, on est en mesure désormais de « séparer le bon grain de l'ivraie ». D'une manière ou d'un autre, la recherche du plaisir des sens est reliée au corps physique et tant que l'âme limite son bonheur à la *seule* jouissance de son enveloppe charnelle elle demeure frustrée et angoissée. Une des solutions pour échapper à cette emprise des sens est l'estime du Soi en comparaison à l'estime *de* soi qui est préconisée aujourd'hui. L'estime de soi est en général l'estime de l'ego humain. Mais face à l'Univers, cet ego est un Judas! Ainsi, on porte la plupart du temps son estime vers une méprise. Le *self-esteem* de l'ego humain est un piège psychologique. Pour me rendre au vouloir de son propre plaisir, le faux ego ne manifeste aucune hésitation; la trame de son existence ne possède pas la moindre pitié et il n'a de regard que pour l'art égoïste de trouver son bien-être en se moquant de celui de ses partenaires, de ses voisins ou de ses proches. J'entends parler d'estime de soi assez souvent et chaque fois que le sujet est abordé je me demande silencieusement: mais de quel *soi* parle-t-on?

On s'entretient généralement d'estime de soi, mais trop souvent le soi dont il est question n'a pas la documentation suffisante pour ne pas s'identifier aux sens et au mental. Par conséquent, on cultive l'estime d'un soi déséquilibré, à la parole amère, pour qui il est regrettable de voir les autres heureux et qui s'amusent du malheur d'autrui. Comment pourrais-je estimer un soi qui serait encore assoiffé de prestige, trempé de colère, enivré de sa propre réputation, jaloux de tout et envieux du prochain? Le renouvellement de la sensualité passe forcément par la transfiguration du soi. C'est pourquoi, alors que l'estime de soi est un enchaînement de plus aux désignations de la matière, l'estime du Soi aide la conscience à se détacher des plaisirs limités et à goûter aux saveurs infinies du Divin. Il est réellement possible de développer une belle estime pour l'âme *parce qu'elle est de la même nature que Dieu* et en partage les qualités d'immortalité, de discernement et de délices.

Avec l'estime du vrai « soi » vient l'estime de l'autre. Avec la considération du prochain vient le respect du couple humain. Ce respect pour les amours terrestres est déjà une forme d'appréciation pour les Amours Célestes. La Vérité Souveraine ne se limite pas à un processus! Dieu possède également la liberté d'être un Couple Divin: l'Aspect Personnel de la Substance Infinie éternellement uni à la Forme Féminine de l'Absolu.

15

La délivrance miraculeuse

« M'attarder sur les défauts des autres et les rendre responsables de mes conditions de vie est le meilleur moyen pour que ces mêmes faiblesses s'enracinent dans mon propre caractère »

D'une certaine façon, on choisit son malheur. Chacun sait ou se doute que les particules d'aluminium sont plus dangereuses pour l'organisme que les poussières d'amiante, tout le monde se sert quand même du papier d'aluminium. Chacun sait qu'en démarrant l'auto on augmente chaque fois le taux de gaz carbonique dans l'atmosphère entraînant l'effet de serre qui réchauffe la planète et provoque catastrophes, fonte de la calotte polaire, marées noires, tremblements de terre, cancers de la peau, élévation du niveau de la mer, etc. On le fait quand même. Chacun sait qu'il y a de l'acide phosphorique et citrique dans les boissons gazeuses afin de créer une accoutumance artificielle, que l'alimentation irradiée tue, que les aliments non biologiques rendent malades, que le lait contient de la dioxine, qu'il y a des gènes de poisson dans les fraises, inutile de mentionner les farines carnées, qui provoquent l'encéphalite spongiforme. Ces produits sont consommés malgré tout. Tout le monde est au courant du fait que les agences de publicité nous présentent comme parfaits des produits qu'elles savent être de mauvaise qualité. On en achète pourtant. On continue à voter même si on sait que les politiciens nous mentent... Stop! Le bureau des lamentations est définitivement fermé! Me lamenter et me plaindre en mettant toute la responsabilité des choses négatives qui m'entourent sur les autres ne m'aidera pas. Si ces choses sont présentes dans ma vie, c'est que je les ai choisies, j'ai opté pour elles, je les ai adoptées. Ma présumée innocence de citoyen esclave d'un système totalitaire que, « de toute façon on ne peut pas changer » est un mythe. Les voleurs avec qui j'ai pu faire affaire par le passé ne m'ont pas tordu un bras pour signer des ententes commerciales. J'ai choisi librement de leur faire confiance. Je suis coupable d'avoir sélectionné des gens peu recommandables. Sans le savoir, bien sûr, mais l'ignorance n'est pas une excuse. Je ne peux pas changer le monde, en tout cas pas du jour au lendemain. Mais il y a une chose que je peux changer très vite: c'est moi-même.

Plus je réfléchis sur cette idée, plus je suis convaincu que si je me retrouve dans telle ou telle situation désagréable, c'est de ma faute. Évidemment, de prime abord, cela semble exagéré, sans fondement, et puis, à force d'y penser, un sens nouveau apparaît, le jour se lève au fond de la nuit intérieure. J'ai besoin de prendre un exemple: si je décide d'aller au Pôle Nord, je vais forcément me retrouver associé au froid, à la glace et au blizzard. Si je m'en plains et que j'accuse l'endroit d'avoir une température infernale, qui sera dans l'erreur? Moi, le mécontent, ou le Pôle Nord? La même estimation peut être faite avec toutes mes décisions, donc avec toutes mes associations, qu'elles soient professionnelles, amicales ou familiales. Il existe des îles paradisiaques sur Terre, mais j'ai choisi la banquise. À qui la faute?

Si j'ai commis une erreur, dans cette vie ou dans la précédente (que j'ai complètement ou partiellement oubliée) et que par effet karmique je me retrouve d'une manière ou d'une autre en prison, je serai alors probablement associé avec toutes sortes d'individus, certains innocents, et d'autres, pour la plupart, ayant commis différents crimes. Qui sera responsable de ce genre de situation? Moi-même encore. Il y a des gens honnêtes sur Terre; si je m'entoure de voleurs, à qui la faute? Mon diagnostic est sévère: je suis responsable de tout ce qui m'arrive. De plus, pas un brin d'herbe ne bouge sans la sanction de Dieu. Donc, tout ce qui m'arrive est un amendement divin. Tout ce qui se passe dans ma vie, les échecs comme les succès, les maladies comme les guérisons, porte l'approbation d'une volonté qui dépasse mon entendement. Tout est confirmé, ratifié, chaque détail est entériné par un décret surnaturel. Rien n'est laissé au hasard. La moindre circonstance est déterminée par l'autorité suprême. Tout est en place. Les affres de la lutte pour l'existence qui m'accablent ont toutes une raison d'être. Les moments difficiles sont des instants transformationnels, des mises à l'épreuve pour libérer ma conscience de certains attachements qui me retiennent encore sur des plans inférieurs. Pour me permettre d'accéder au niveau de la joie, la Providence céleste pétrit la pâte de mon ego humain. Tout est la grâce. Cette conception des choses de la vie a l'avantage de libérer mon cœur des critiques amères, des plaintes constantes, des ressentiments envers mon prochain, même si c'est une crapule notoire. Je n'ai pas à le juger, je dois simplement m'en séparer, aller ailleurs, m'éloigner de ce qui n'est pas favorable à mon bonheur et m'associer à ce qui le rend possible. Chacun, de toute façon, aura les effets de ses actes, dans cette vie ou dans les suivantes. Si la justice humaine est une bouffonnerie, la justice divine est infaillible. Nul, si riche soit-il, ne saurait y échapper.

Il ne subsiste ainsi aucune complainte envers les êtres ou les conditions qui m'entourent. Un mauvais ouvrier se querelle avec ses outils. Est-ce la faute des outils? Un tigre est un tigre. Si je veux éviter de me faire dévorer, je dois m'en éloigner. Un voleur est un voleur. Un tueur est un tueur. Plaçons-nous sous la protection du Tout-Puissant qui est partout et en tout à chaque instant. Un serpent est un serpent. Chacun agit selon sa nature propre, que puis-je y faire? Critiquer celui ou celle qui cause mon naufrage n'est qu'une perte d'énergie. De plus, l'imperfection que je stigmatise entre en moi, *la faute que je critique revient vers moi.* Distinguer un escroc d'un honnête homme n'est pas une critique envieuse, c'est du discernement. Trancher, estimer qu'un scorpion est un scorpion c'est faire preuve de perspicacité. *Mais m'attarder sur les défauts des autres et les rendre responsables de mes conditions de vie est le meilleur moyen pour que ces mêmes faiblesses s'enracinent dans mon propre caractère.* C'est la rétribution du miroir, le contrecoup de la psyché, l'effet rétroviseur.

Cultiver le souvenir de la loi de la rétribution amène l'âme jusqu'aux jardins de la non-critique. Dès lors, elle sait que la destinée de celui qui enfreint le code de la spiritualité sera également celle de celui qui l'accuse... (C'est celui qui le dit qui l'est). Nul n'est l'unique responsable des bonheurs ou des malheurs, des bienfaits ou des méfaits qu'il peut accomplir, puisque même les méfaits s'accompagnent de la sanction divine. Aussi, le sage ne tient-il personne pour le seul responsable de ses actes. Les gains et les pertes peuvent être envisagés comme des dons de Dieu, des manifestations de Sa grâce. Je n'ai aucun mal à reconnaître la main du Tout-Puissant dans le succès, alors que l'échec ou l'adversité fait naître en moi le doute. Je me dis: comment Dieu peut-il se montrer si dur envers ceux qui L'aiment, et les soumettre à de telles difficultés? Les martyrs du christianisme naissant ont montré, sous les terribles persécutions des dictateurs romains, comment accepter toute chose, favorable ou pas à l'enveloppe externe. Jamais les Saints et les Saintes ne montrent de colère envers leurs bourreaux. À leurs yeux, *l'accusateur est un malfaiteur au même titre que l'auteur du méfait.* Voyant partout et en tout la main de l'Absolu, le sage tolère toutes les difficultés qui lui échoient. Les apparentes cruautés du sort sont pour lui une autre manifestation de la grâce divine. Dieu éprouve t-Il ainsi la fidélité de l'âme? C'est un fait que les mystiques (toutes voies confondues) passent des tests extrêmes. Pour eux, l'Être Suprême est définitivement l'agissant ultime. Dieu agit directement ou bien à travers l'influence de Son énergie matérielle mandatée par Lui en ce monde de naissance et de mort.

Tout ce qui m'arrive a un sens. On me vole mes redevances, je me fais dévaliser, je me retrouve malade, en prison, mon enfant meurt, ma maison brûle, la guerre éclate, je guéris soudain d'une maladie incurable, je signe un fabuleux contrat, je rencontre l'amour de ma vie… Rien n'arrive pour rien. La raison à toutes les péripéties m'échappe mais je dois passer par où je passe. Les choses évoluent à l'extérieur, mais elles sont le reflet d'une réalité qui est intérieure. La peur est à l'intérieur, de même que la maladie et la prison. Si je veux garder l'équilibre, retrouver l'harmonie, mon devoir est de reconsidérer les événements de cette existence, d'en approfondir le sens en les observant d'une façon nouvelle. L'humilité du cœur, le détachement de l'esprit, le respect de la volonté divine omniprésente peut ainsi me rendre fort au point de pouvoir traverser des situations misérables. Au lieu d'être en révolte et de souffrir, je suis en paix avec l'Univers et je me sens bien. Découvrir la vraie prière est l'incident le plus considérable d'une vie humaine. Quand je prie sincèrement, je dis oui à l'ailleurs, oui au cosmos, oui au destin, oui à Dieu. Je cesse de résister même au milieu de l'insensé. C'est précisément au moment où les murs de ma résistance s'écroulent que la guérison m'envahit et que la grâce m'inonde. *Car alors je vois que ce qui m'arrive est un effort compatissant du cosmos pour me désillusionner et me libérer de l'énergie matérielle.* Seuls les êtres totalement désenchantés du monde entrent en contact avec le Bonheur suprême.

Le bonheur est un état naturel que désire l'âme, comme la santé est un état naturel que désire le corps. Les deux, bonheur et santé, sont étroitement reliés. Le bonheur est un état de santé psychique. Une énergie circule dans le cosmos. Vivante, liante, libératrice et aimante. Rayon de conscience universelle, lumière liquide, or en fusion, alliage, gisement de pierres philosophales au creux de planètes inconnues. Faisceaux radieux embrasés de clartés et de feux, elle soigne et guérit les angoisses des hommes esclaves. Sous l'action de cette force, ma conscience devine la fonction spirituelle de chaque épreuve, la raison d'être de chaque douleur, de chaque bonheur, de chaque être. La dépression me quitte aussitôt. Le captif brise ses chaînes. L'insoutenable activité de mon mental se calme d'emblée. Séance tenante, ma disposition au suicide s'évanouit. Les tribulations qui écrasent ma foi, les inquiétudes qui oppriment mes poumons et qui me font douter de tout, prennent soudain un nouveau visage. Voilà que mes peurs se montrent sous l'aspect de défis qui stimulent ma créativité. Le sens du sacré laisse une empreinte dans la couleur instinctive de mon identité divine. Le rituel du cœur s'accomplit et laisse couler en moi le souffle de Dieu. Il y a transcription d'émotion mystique. Le regard que je porte sur les choses devient géographe de l'amour inconditionnel. La vie de tous les jours, avec ses problèmes et ses difficultés, me sert alors de tremplin vers l'enthousiasme, de rampe de lancement vers la sérénité des vastes continents intérieurs, régions inexplorées où coulent des fleuves impétueux.

Mon mal de vivre, cette incongruité qui convertit mes troubles psychiques en symptômes pathologiques désobligeants et disgracieux, est-il d'origine organique ou nerveuse? Pourquoi suis-je malade? Si mon bouclier immunitaire est percé et qu'il laisse les virus se développer dans mon organisme, et si mon système d'autodéfense est anémié, c'est que j'accepte que des inconnus changent mes intuitions profondes. On essaye de m'inculquer que je suis sur Terre par hasard, que ma vie est limitée à la durée de mon corps physique, que l'intelligence cosmique n'existe pas, ou quand elle existe on me propose un Dieu à grande barbe, sectaire, entouré d'anges à plumes blanches et roses, avec une damnation éternelle (sic), un seul fils, des dignitaires à chapeaux dorés... Ce genre de dieu est aussi irrespirable que le big bang ou les dinosaures de Darwin. *Si je suis malade, il est possible qu'à un certain moment je n'aie plus eu le souci fondamental d'intégrer mon existence d'être humain au sein de l'univers.* J'ai oublié que je possède une âme naturelle, au même titre que les animaux, les plantes, les cristaux, les métaux, les étoiles, les rivières et les océans. J'ai accepté de ne plus suivre mon cœur, de nier ma conscience, d'obéir servilement à la mode existentialiste qui prévaut. C'est pour ça que j'angoisse. Je choisis mon malheur, je choisis mon néant intérieur, ma tumeur mentale, je construis l'entité négative qui me vampirise et qui, comme un parasite, me vide de mon énergie vitale. Mais j'ai également le pouvoir d'opter pour la lumière. Si je choisis mon malheur, cela veut dire que je choisis aussi mon bonheur!

Dans un parc, il y a des fleurs magnifiques, il y a aussi des déchets. Une abeille butine les fleurs, une mouche les ignore et se pose sur les déchets. Quelle sera mon attitude dans le parc de la vie? Dieu ne peut pas être tenu pour responsable de mes choix. Mes associations et mes maladies sont le produit de mes préférences, le karma de mes options. Lorsque je scrute mon cœur, je vois que la cause est en moi et pas à l'extérieur, pas chez les autres. Les circonstances cherchent constamment à m'indiquer la bonne direction même quand elles ressemblent au malheur. La vie est une énergie clairvoyante qui ne frappe pas de façon inconséquente. La guérison de mon mal passe par la confiance que j'ai en l'organisation céleste du cosmos. *Les situations dramatiques que je traverse ne me sont pas infligées gratuitement.* Guérir c'est peut-être choisir les fleurs parfumées du destin et ne pas s'attarder sur les résidus du karma. J'attribue ce qui se déroule dans ma vie à mes propres actions passées. La résonance de mes actes détermine l'influence astrale selon laquelle je suis affecté par certains rayonnements invisibles en provenance du monde sidéral. J'en suis la cause. Je suis aussi à l'origine des malaises provoqués par les aliments impurs saturés d'insecticides que je choisis d'ingérer, ainsi que par les substances toxiques de toutes sortes que je fais entrer dans mon corps. Je suis également la seule cause de l'intempérance de mes émotions et de mes pensées. Nul autre que moi n'est responsable de mes excès.

D'un côté se trouve ce qui est sain, paisible, joyeux, opulent et divin, de l'autre il y a tout ce qui est malsain, ennuyant, violent, douloureux et misérable. Pourquoi ne pas opter pour ce qui est divin? Je tiens le coupable: c'est mon libre arbitre. Je ne peux mettre le blâme sur rien d'autre. Je réussis enfin à m'occuper de la poutre qui est dans mon œil au lieu de mettre l'emphase sur la paille qui se trouve dans celui de mon voisin. C'est déjà une libération en soi car toutes mes vieilles rancunes partent ainsi en fumée. Avec l'acceptation de cette réalité dans la vie quotidienne survient une profonde amélioration de mon état général. J'ai la sensation que la plénitude et l'épanouissement ne sont plus des rêves inaccessibles. Il me semble soudain que ces émotions font partie du domaine du palpable, du réaliste et du réel. Merci la vie. Le miracle se produit, l'étincelle s'allume au fond de la conscience. Au sein de la matière, même plongé au milieu de ce qui semble absurde, même accablé des terribles transitions de l'existence, souffrant mille pertes, mille trahisons, mille fourberies, mille oppressions, mon cœur demeure encore ouvert et continue de projeter l'amour pour l'amour de l'amour sans rien attendre en retour que de servir l'amour. J'ai vraiment l'impression que je viens d'entrer dans les jardins de la joie parfaite. Les épreuves sont là pour me libérer, m'apprendre la tolérance, la patience, l'humilité, la clé de la vie heureuse. Tel est l'idéal intérieur que je souhaite atteindre dans cette vie.

J'ai trouvé cette clé, mon guide m'a montré l'endroit secret où elle se cachait, et avec cette clé magique je vais ouvrir de nombreuses portes, traverser de nombreux océans, franchir la rivière qui sépare le matériel du spirituel. C'est un véritable passe-partout. C'est même un trousseau de clés. La clé du lâcher prise, du désintéressement, du dévouement, la clé du détachement, la clé de l'oubli de soi. Oublier son faux ego humain est un soulagement assuré, un apaisement incontestable, un adoucissement de l'existence. Pourquoi pensez-vous que le bénévolat est-il tellement répandu aujourd'hui? Parce que les bénévoles sont des gens heureux. Au lieu de penser à leur propre confort, ils pensent à celui des autres. Automatiquement, ils ressentent un sentiment d'inexprimable légèreté parce qu'ils agissent par amour, dans l'amour, avec amour. Ne penser qu'à soi est déprimant. Tout garder pour soi démoralise, il se produit un terrible blocage d'énergie, le plaisir est gâché. La vie aussi.

Si je suis dans l'expectative de respect et que j'attends d'être honoré, je vais devenir une personne abattue, frustrée, offusquée, constamment contrariée. Je serai susceptible, un rien me froissera. Je serai surtout affreusement malheureux, cramponné à mon orgueil, tourmenté par mon amour-propre.

Par contre, dans la mesure où je suis prêt à apprécier mes semblables, à les respecter, à les honorer, à voir en eux le moi divin, à détecter en eux le fragment de lumière, je vais ressentir une élévation, un soulèvement intérieur. Il y aura aussitôt une expansion de ma conscience, je ressentirai une hausse de vitalité surprenante et cela produira une certaine exaltation, une sorte d'euphorie. La modestie rend heureux, c'est aussi simple que ça. C'est un remède miraculeux.

Se sentir important fatigue et rend nerveux; on en perd le sommeil, on a le trac. Quand je suis prétentieux, je méprise tout le monde. Le mépris rend amer et cette amertume est fatale. Le discrédit que je jette sur le monde m'empoisonne littéralement. En outre, je ne méprise jamais personne par inadvertance. Ce n'est pas une faute d'inattention mais un acte prémédité. Cela devient vite une habitude, c'est-à-dire un caractère, une destinée. Il n'y a aucune circonstance atténuante. Le châtiment, c'est l'enfer dans lequel ma propre mégalomanie me fait vivre. Je me l'inflige tout seul, ici-bas.

La simplicité n'est pas une absence de qualification. C'est au contraire une mine d'or aux perspectives infinies. Être modeste n'est pas être médiocre. Être discret n'est pas être distant. Le cynisme n'est pas une preuve d'intelligence, c'est un manque flagrant d'originalité. Accepter une attitude d'humilité me fera déceler l'existence d'un niveau magnifique sur lequel je peux me rendre. On ne peut pas forcer les portes de ces régions. Il est nécessaire d'avoir la clé pour y pénétrer: l'humilité du cœur. Inutile de déplacer des montagnes ou de changer le cours des fleuves. Faire de grandes choses n'est pas une obligation. La seule exigence est d'avoir la clé qui me fera passer d'un état de vantardise à un état de *réconciliation.* Concilier le bonheur et la santé. Parvenir à un règlement amiable de mes démons intérieurs. Accorder ensemble ce qui divise la tête et le cœur. L'humilité, la tolérance et le respect ne sont pas seulement des consolateurs, ce sont surtout de grands médiateurs, de grands conciliateurs. Sans spiritualité, sans la reconnaissance de la nature divine de l'être humain, l'humilité devient humiliation. Parmi les maux de l'âme, s'il en est un dont on doit tenir compte dans la manifestation des désordres intérieurs, c'est bien celui de la fausse soumission. Mes carences et mes dépendances affectives sont toujours là pour me narguer et me faire tomber dans des situations éprouvantes tant que je n'ai pas la connaissance de ma réelle identité. À quoi sert de parler d'estime de soi si je ne sais même pas qui est ce soi? L'estime de mon ego humain ne servira qu'à m'emprisonner encore plus dans l'illusion, alors que l'estime de mon moi divin me libérera et m'apportera l'équilibre. Même chose pour l'oubli de soi. Qui dois-je oublier? Certainement pas mon moi divin parce que si je l'oubliais je ne pourrais que m'identifier au corps physique, qui lui n'est pas moi. Les difficultés que nous traversons dans nos relations humaines, nos jeux de rôle de dominé et de dominant, peuvent très bien avoir pour origine des familles dysfonctionnelles, mais lorsque la relation avec Dieu est rétablie (pas au travers d'une religion ou d'une secte mais par une véritable transformation du cœur et de la conscience), alors tous ces problèmes meurent de la façon la plus naturelle.

Il ne me reste plus qu'à faire le meilleur usage de mon séjour sur Terre. Et puisque je suis la cause de ce qui m'arrive, puisque je récolte ce que j'ai semé et non les semailles des autres, il ne me reste plus qu'à me pardonner moi-même. Pardonnez-nous nos offenses, Seigneur, comme nous pardonnons à nous-même celles que nous nous infligeons. Alors pourrons-nous sans doute pardonner à tous ceux et celles qui nous ont offensés. Il y a dans le pardon une si belle indifférence à la séduction, une telle offrande de soi…

Je n'ai pas d'escorte et où que j'aille ma seule protection est celle du Maître du Cœur. De Lui vient l'énergie du pardon. C'est étrange. Se sentir coupable sur le plan des relations humaines est un sentiment terriblement toxique et peut engendrer de graves désordres physiologiques. Toutefois, demander à son propre cœur de pardonner les blessures qu'on a pu soi-même lui infliger ne provoque aucun sentiment de culpabilité. C'est même le contraire, il s'en dégage une certaine innocence. Je commence à comprendre pourquoi les pères du désert recommandent dans leur Philocalie de se tourner vers le cœur et de prier: Seigneur *Jésus-Christ, ayez pitié de moi, pauvre pécheur.* Par cette petite prière du cœur, ils se baignent dans le pardon et débarrassent ainsi leur for intérieur de toute culpabilité toxique. Au bout d'un certain temps, la délivrance doit être globale... Imaginez! Visualisons un cœur purgé de toute culpabilité, de tout sentiment d'injustice, de tout ressentiment, de toute révolte, de toute rancœur envers la vie, de toute amertume envers le destin! Un cœur épuré des pensées de vengeance, de rancune, de haine, d'aigreur... Ce qu'on doit ressentir comme candeur, comme fraîcheur, comme franchise. La pureté d'un tel sentiment... Ces réalités sont loin de moi; je ne sais plus trouver les mots. Comment appeler un tel sentiment? Virginité, peut-être... Peut-être aussi n'y a-t-il plus de mot. Qui sait?

16

Le mystère des polyphonies universelles

« Tous les aspects de Dieu ne sont que divers angles de vision d'une unique substance »

D'un incident tout à fait ordinaire, on peut déduire une grande sagesse. Une pomme tombe d'un arbre. C'est quelque chose de banal. Pourtant, au lieu de voir un simple fruit mûr se décrocher de l'arbre, Newton a vu l'attraction de la Terre aspirer la pomme vers le sol et il a découvert la gravitation. L'observation des événements familiers qui se produisent sans cesse autour de nous, même les plus quelconques, jettent une lumière nouvelle sur la manière dont fonctionne les choses du ciel et de la terre. En me déplaçant sur la surface de globe, j'observe les gens prier Dieu. C'est en général une coutume assez fréquente qu'on retrouve partout sous une forme ou une autre. Au lieu de voir des croyants de différentes confessions s'adresser chacun à un Dieu particulier, je ne peux m'empêcher de voir qu'il s'agit en réalité d'une même attraction les conduisant tous vers une substance divine unique: la gravitation mystique universelle. Dieu attire à Lui tous les êtres vivants, c'est la signification étymologique du sanskrit *Krishna* qui signifie fascination infinie. Parmi toutes les qualités de Dieu, celle-ci prédomine. Parce qu'Il attire les êtres à Lui, l'Absolu est l'Infiniment Fascinant.

Cette fascination s'exerce de façon tout à fait naturelle lorsque l'être humain cesse de s'affliger au sujet des pertes subies et qu'il n'aspire plus à ce qu'il ne possède pas. À ce niveau, l'attraction divine est comparable à l'irrésistible attrait qu'un jeune homme peut avoir pour une jeune fille, ou inversement. À ce moment, les deux énergies fusionnent sans perdre pour autant leur individualité. Il y a unité avec l'Absolu. *Au niveau spirituel, il n'existe plus de distinction entre le serviteur et Celui qui est servi.* Dans un sens philosophique plus profond, la différence existe toutefois pour que justement cette relation d'amour puisse avoir lieu. L'attraction divine est synonyme de joie pure. Trouvant la plénitude en lui-même, l'être humain ne s'inquiète d'aucune perte ni d'aucun profit en ce monde.

De même que le mouvement des planètes autour du soleil est provoqué par l'attraction universelle qui s'exerce entre les corps, le mouvement des êtres vivants autour de Dieu est suscité pour la fascination infinie qui s'applique entre l'Âme de l'Univers et Ses innombrables fragments.

Ayant fait du tourisme spirituel durant quelques années, j'ai remarqué qu'il existe plusieurs écoles de philosophies athées. En Inde, l'athée le plus célèbre fut *Carvaka Muni.* Sa philosophie ressemble à celle des existentialistes occidentaux. Selon eux, la conscience serait un sous-produit des combinaisons de différentes substances chimiques. Avec la dissolution du corps, rien ne persiste, ni âme ni conscience. Seule demeure la combinaison physique des différents éléments du corps. En occident, le premier à supporter une idée aussi saugrenue fut Épicure

(341-270 av. J.C.). L'athéisme épouse aussi parfois la forme du Bouddhisme. Les bouddhistes pensent qu'après la mort, le corps subtil cherche à reprendre naissance. Ils admettent donc le phénomène de la métempsycose. Éventuellement, si nous nous efforçons d'œuvrer d'une certaine manière, le mental se dissout et finalement il ne reste plus rien. Pour un bouddhiste, l'âme n'existe pas, pas plus que Dieu bien qu'il L'adore sans vraiment l'admettre sous la forme du Seigneur Bouddha. Il y a bien sûr l'ancienne et grande École de *Sankarâcârya* qui est le maître des impersonnalistes. Pour lui, une substance consciente, *Brahman*, existe en tant qu'ultime réalité. La conscience est réelle mais la conscience d'exister séparément est illusion. Avec la disparition du mental, la conscience de l'individualité de chaque âme disparaît complètement. Donc, l'âme n'existe pas dans l'ultime phase de la réalité. On est loin de l'amour divin!

Quoi qu'il en soit, qu'ils soient athées ou croyants, tous les hommes suivent la voie de la gravitation mystique universelle. Par la fascination ou la répulsion, tous suivent la voie. L'athée offre son vide intérieur; le dévot du Seigneur offre son cœur. La nature de l'offrande importe moins que les sentiments qui l'emplissent et la soutiennent. Ce sont eux qui différencient les professions de foi des vraies spiritualités. Les résultats de l'offrande diffèrent grandement l'un de l'autre.

Tous les gens ne vibrent pas à la même fréquence. Nous ne sommes pas tous sur le même plan de conscience. Cela ne nous empêche pas d'avoir une vie intérieure qui nous soit propre. Le relatif et l'Absolu ne s'opposent du reste pas. L'un et l'autre coexistent en harmonie. Bien que chacun suive une voie particulière, *les mêmes principes et les mêmes étapes se retrouvent dans chaque tradition.* Malgré les différences de vocabulaire et de costumes, les phases de l'évolution de la conscience sont les mêmes pour tous. De la fourmi minuscule jusqu'au plus grand d'entre les êtres, tous suivent la voie. Certains s'en rassasient alors que d'autres ont le cœur qui crie famine, voilà tout. Le doute se situe sur le versant ténébreux de l'amour, là où il n'y a pas de plaisir qui ne soit douleur. L'autre chemin conduit dans l'hémisphère de la claire lumière, mais je connais des hommes qui, à cause de la densité de leurs préjugés ne peuvent être rattrapés dans leur chute. Une vision furtive se présente à l'esprit: séparée du Suprême, la conscience a le poids de l'iridium.

Parmi toutes les voies spirituelles, en existe-t-il une qui soit meilleure que les autres? Dans le domaine de l'absolu, tout est absolu. Dieu a des millions d'aspects qui sont tout autant fascinants les uns que les autres, et Sa fascination ultime nous est dévoilée par le Maître du cœur. Il nous embrasse de la plus haute sérénité, chacun selon sa conscience, chacun selon son désir d'être uni à Lui, chacun selon sa manière de Lui être utile et de Le servir, lorsque la volonté de l'infinitésimal se fond dans la volonté de l'infini. Le bonheur n'est pas une trêve entre deux tragédies, la paix n'est pas seulement l'arrêt des combats. La paix est un état permanent, inaltérable. Il n'est donc pas question d'un processus supérieur à un autre. Il est simplement question d'être épris de Dieu. Il est question ici d'être épris de Dieu comme on peut être épris de musique, c'est-à-dire avec passion, avec audace, inconditionnellement, avec l'enthousiasme de ce silence béni qui suit parfois les grands concerts, sans que personne ne bouge, dans un silence de mort, jusqu'à ce que d'un seul coup toute la salle se lève et applaudisse à tout rompre. L'universel est sans compromis.

Qu'on y parvienne par le biais d'une révélation ou d'une autre importe peu. L'essentiel serait d'avoir une réelle expérience intérieure. Les secours que je pense pouvoir recevoir du Suprême sont ceux que j'aurai pu concevoir. Si je n'aime pas, je ne peux espérer imaginer en retour une quelconque forme d'amour.

Dieu est à l'abri des intérêts de coulisse. Seuls les rêves du Soleil et de la Lune, les désirs purs de l'âme, Le séduisent car ces forces viennent de l'Un. La source de toutes les énergies se multiplie à travers l'Univers à seule fin de faire la joie de ceux qui refusent de se soumettre aux dictatures de l'illusion. Je peux penser que lorsque l'Absolu, dans Sa forme ultime d'Amant et d'Ami, apparaît sur la Terre, Sa naissance est semblable à la mienne, mais cela est une erreur. Sa naissance comporte un aspect morphologique et un aspect ontologique. Je peux faire la distinction entre, d'une part, l'aspect des choses telles qu'elles m'apparaissent à travers les sens et l'intellect, et d'autre part l'aspect des choses telles qu'elles sont en elles-mêmes. Faire la différence entre l'extérieur et l'intérieur. Les connaître telles que je les perçois par les sens et la raison ne suffit pas. Je veux percevoir la réalité telle qu'elle est et pas seulement telle qu'elle m'apparaît. La raison ne peut aborder les rivages du Royaume dans lequel connaissant et connu participent d'une unique énergie; elle ne peut comprendre qu'aucune différence n'existe entre l'énergie (les êtres vivants, la nature) et la source des énergies (Dieu). Seul le cœur peut y parvenir. Seuls la beauté et le charme sont en mesure d'appréhender l'énigme. Seule la foi donnée par les maîtres de la lumière divine a le pouvoir de percer le mystère. Ce mystère, ma quête, celui qui vient et m'envahit lorsque la fête est finie et que tout le monde est parti; ce mystère n'est pas un inconnu. C'est un ami. J'ai l'impression qu'il fait partie de la famille depuis toujours.

Le mystère du Grand Esprit apparaît parmi les humains, parmi les archanges et parmi les bêtes dans une harmonie parfaite. Toutes Ses actions sont simultanées. Dieu peut surgir de nulle part puisqu'Il est partout. Quelqu'un accepte de jouer le rôle d'un président d'État, et porte alors un certain costume. La même personne va jouer au golf et s'habille différemment. Le soir, quand elle va se coucher, elle peut encore se vêtir d'une toute autre manière. Malgré tous ces changements, elle demeure la même. Le principe s'applique pour le Suprême qui revêt un nombre infini de formes afin de satisfaire les visions multiples des méditants et des yogis. Christ, Krishna, Allah, Adonaï, Bouddha, Yahvé… et tant d'autres. Pour les Amérindiens, Manitou, l'Esprit de l'Univers, est Wakantanka, le Grand Mystère.

La Vérité Absolue est à la fois sujet et objet. *La forme impersonnelle et la forme personnelle ne sont qu'une seule réalité.* Soit on se fond dans la lumière divine, soit on se fond dans le service d'amour. Dans la Roue Médecine des peuples précolombiens, on imaginait un objet au centre d'un grand cercle composé d'un millier d'individus. Chacun avait tendance à décrire l'objet différemment car la vision de chaque personne était déterminée par sa place sur le cercle. Les personnes diamétralement opposées en avaient même une description catégoriquement différente. La vision de l'un était aux antipodes de la vision de l'autre. Il s'agissait pourtant du même objet. Certains discutent parfois pendant des jours de la supériorité d'un aspect de la Vérité Absolue (celui qu'ils cherchent à réaliser) sur les autres. Il s'agit pourtant de la même réalité. Tous les aspects de Dieu ne sont que divers angles de vision d'une unique substance. J'attribue l'absence de cette évidence à un simple désir de suprématie religieuse. Parallèlement, l'âme qui se fond dans la lumière divine devra un jour recouvrer son individualité éternelle pour savourer la plénitude du service divin parce que *sa vraie nature n'est pas de mourir en Dieu mais de vivre pour Lui.*

Je me demande si (même dans le monde spirituel) Abraham et Mahomet sont encore à couteaux tirés... *En elle-même, la religion est une chose merveilleuse si elle représente un moyen de se relier à Dieu et d'unir les différents peuples du Cosmos.* C'est l'esprit religieux qui est négatif et source de constants conflits. Quand je lis l'histoire des guerres de religion et que j'apprends ce qui se trame encore de nos jours entre juifs et musulmans, entre nationalistes hindous et bouddhistes, entre catholiques et protestants, je ne peux m'empêcher d'imaginer Moïse, Jésus, Bouddha, Krishna et Mahomet, la main dans la main, bras dessus bras dessous, la mine un peu consternée en constatant « qu'en bas » les hommes se détruisent en leurs Noms. Et dire que Dieu, après s'être déployé sous Sa forme universelle avec tous les éléments nécessaires à la manifestation physique, après avoir conçu dès l'origine les éléments de base de l'action matérielle en vue de la création de l'univers et après être apparu sous la forme de différents sages, surgit encore dans le règne animal sous des apparences fort diverses.

Comment se fait-il que les théosophes qui écrivent les enseignements des différentes religions puissent être étourdis au point d'oublier de préciser que *toutes les descentes de Dieu dans l'univers sont des émanations de Son unique Substance?* On peut être distrait… Toutefois, peut-on être amnésique au point d'omettre de dire que Dieu est d'essence unique mais qu'Il se multiplie en une multitude d'émanations sans qu'il y ait de distinction entre elles? Les maîtres de ses grands érudits ne leur ont-ils pas expliqué comment l'Absolu, s'il Le désire, peut Se manifester sous la forme d'un nain ou d'un géant, ou bien placer une partie de Son pouvoir dans un être humain particulier et le faire naître dans une étable en Palestine? Les fidèles qui massacrent les infidèles souffrent probablement de trous de mémoire pour négliger ainsi le fait que les innombrables aspects de Dieu sont comme des ruisseaux sans nombre jaillissant de sources intarissables. Comment ne se souviennent-ils pas que le nombre des Noms de l'Infini est comparable au nombre des vagues de la mer et au nombre des étoiles dans l'espace?

Et il n'y a pas que les diverses révélations divines qui toutes soient spirituelles, il y a aussi les choses qui nous entourent. *Rien n'est vraiment matériel.* Lorsque j'offre une fleur à l'Infini, celle-ci perd son caractère matériel puisque l'Infini n'accepte jamais rien de matériel. Et ce n'est pas que la fleur soit matérielle dans le champ ou le jardin et qu'elle devienne spirituelle d'un coup de baguette magique lorsque je l'offre à Dieu. *Elle n'est matérielle que dans la mesure où je pense qu'elle est faite pour mon seul plaisir.* Dès que je réalise qu'elle existe pour le plaisir de Dieu, je la vois pour ce qu'elle est vraiment, c'est-à-dire spirituelle. Au lieu d'être centré sur lui-même, c'est-à-dire séparé de l'ensemble, le plaisir est alors global, universel.

Où se trouvent les nouvelles spiritualités qui pourraient vraiment être utiles à l'humanité? Existe-t-il une forme de sagesse émergente qui pourrait être naturellement acceptée par toutes les races et toutes les cultures? Il y a en nous un ciel, un espace et une multitude de dimensions qui traversent nos corps et qui pourtant ne nous touchent pas. Dans ce ciel du cœur, tous les chemins se croisent et s'harmonisent, toutes les religions s'accordent sans rien perdre de leurs couleurs spécifiques. L'idée qui m'anime n'est pas de vouloir créer un syncrétisme, une nouvelle religion mi-figue mi-raisin où le christianisme, le judaïsme, l'islam et l'hindouisme fusionneraient. S'il y a une chose qu'il est agréable de redire, c'est que les grands mystiques n'ont jamais créé d'institutions ou de groupes rigides. Leur religion est la religion de l'amour, et l'amour est très cosmopolite. Rappelons encore que le Christ ne fonda aucune Église. Pas plus que Bouddha. Je sens que je vais me faire mal voir par les pontifes et les prélats. Mais le rappel que je fais ici n'est pas une fantaisie, c'est un fait historique. Il me semble qu'on devrait en tenir compte dans notre quête de l'Absolu. Si je me trompe sur ce point capital, fermez ce livre et jetez-le au feu.

Nous voilà arrivés près des horizons lumineux de connaissances spontanées, dans ce verger odorant où les calmes étendues de nos âmes libres nous laissent entrevoir les jouissances parfaites des forces infinies. Nos mémoires, qui se trouvaient enfouies sous d'épaisses couches d'obscurantisme, se mettent soudain à fonctionner à la vitesse de la lumière. Nous réalisons désormais que manufacturer son propre credo est un effort voué à l'échec. Le soleil ne devient pas chinois lorsqu'il éclaire la Chine. Le soleil est le soleil. De la même manière, Dieu ne devient pas catholique lorsqu'Il est glorifié dans les chapelles du Vatican. Dieu est Dieu. Il n'est ni chrétien ni musulman ni hindou ni juif. Le monopoliser dans les prisons des dogmes religieux est un crime contre l'humanité. On peut tout me retirer, tout me voler, mais personne ne pourra jamais me priver de ma vie intérieure. Nous sommes aujourd'hui à la recherche d'un instinct originel qui nous pousserait vers le saut quantique du troisième millénaire. Nous sommes en quête de cette chose divine, intangible qui nous a été dérobée et que nous voulons nous réapproprier: notre pouvoir intérieur, notre force absolue, notre liberté suprême, notre relation personnelle avec l'Infini. Cette réappropriation de l'âme divine passe par la guérison des conditionnements sociologiques: quelqu'un ne peut plus être jugé selon son apparence extérieure, sa religion, son titre, son rang social ou l'accumulation factice de richesses; seule l'élévation de sa conscience a de la valeur.

L'universalité nous amène à saisir que sans l'ouverture du cœur, tout devient très vite un fardeau. Que faire, au moment de la mort, de la célébrité et de l'attachement aux biens de ce monde? Nous ne resterons pas toujours inconscients. Même les grands de ce monde finiront un jour par être conséquents. Ce jour-là, ils percevront la valeur d'un homme d'après sa compassion et non d'après la position qu'il aura convoitée au sein d'un ministère basé sur la supercherie. On finira bien par passer à l'âge adulte et par se rendre compte que ce qui fait la valeur d'un individu n'est pas l'argent mais les qualités du cœur! Bientôt, même s'il a réussi d'une manière ou d'une autre à rassembler le plus de votes, l'individu sans qualité spirituelle ne pourra plus s'emparer du pouvoir. Le ciel n'est pas seulement au-dessus de nos têtes. Il nous traverse et témoigne de toutes nos actions, de toutes nos fraudes et de toutes nos offrandes. L'universalité n'est pas une croyance. Il s'agit de l'immortel processus de spiritualisation de la matière. C'est une fenêtre ouverte à travers laquelle on voit le monde humain se métamorphoser en monde divin. Le monde est en train de changer. Je vous donne rendez-vous sous les rayons de l'amour. On peut d'ores et déjà ressentir la présence de l'Être Suprême dans chaque cellule, à chaque seconde, maintenant, ici même. La musique de Dieu joue dans le cœur de tous les êtres vivants. Pour Lui, tous les peuples sont des peuples élus. N'est-il pas nécessaire de privatiser la vie divine? Cela signifie que chacun a une relation privée avec Dieu et cette communion ne dépend d'aucun prêtre, d'aucun brahmane. Cela signifie que chaque individu s'éprend de la vie divine universelle et en fait son programme personnel. Cela suppose aussi que chacun tolère la vie privée spirituelle de l'autre. La globalisation de Dieu sous forme de religions opposées les unes aux autres est une erreur du passé. Il n'y a pas de Dieu standard.

Les papes et les ayatollahs ont dressé leurs armées l'une contre l'autre pour imposer la puissance de leur temple respectif. Mais le temple réel n'est fait ni de bois ni de pierre ni de poutres métalliques. Il est dans la pensée, dans le sentiment du cœur. *La ville sainte est aussi bâtie au fond de soi et pas seulement aux lieux de pèlerinages*. Et l'Église aussi est en nous, elle ne dépend pas d'un Dieu duquel nous ne participerions pas. Elle est construite de nos penchants et de nos désirs. Aussi, la ferveur dévotionnelle de celui qui adore dans son temple et manque de respect pour tout ce qui se trouve à l'extérieur est-elle tout à fait vaine. L'univers est un temple, la forêt est un temple, l'océan est un temple, et le temple aussi en est un lorsque ses portes savent demeurer ouvertes. Si Dieu est partout, Il est aussi dans les églises. En prenant du sable dans ses doigts, on peut sentir le Bien-Aimé, directement à travers les organes de perceptions sensoriels. La création n'est pas différente du Créateur. L'Illimité ne peut Se voir qu'avec des yeux recouverts du baume de l'émerveillement.

Il n'y a pas d'intouchables, pas de castes artificielles. Un fils de *brahmane* n'est pas *brahmane* parce que son père l'était. Un fils d'avocat n'est pas automatiquement lui-même avocat. Nous sommes ce que sont nos qualités intérieures et rien de plus. Le yoga n'est pas une gymnastique pour rester jeune. Les contorsions du corps n'ont pas d'influence sur l'ouverture du cœur. Le vrai yogi n'agit plus pour le plaisir des sens, ni pour jouir des fruits de ses actes et il rejette tout désir lié à l'ego éphémère.

À regarder le ciel, on ne voit que le bleu et le vide apparent de l'espace. Il y a un nombre infini de planètes et d'étoiles mais nous ne les voyons pas. Elles existent pourtant. Le Créateur existe lui aussi et l'âme libérée de l'avidité a le bonheur de Le sentir et de Le voir. Beaucoup parlent de Dieu parce qu'ils ont le cœur qui déborde de larmes d'extase. S'il est une loi aussi universelle que la gravitation, c'est bien la loi de l'attestation. L'univers entier est de nature spirituelle, on ne peut donc rien cacher (derrière son dos ou dans son cœur) qui ne peut être vu par l'omniprésence divine. Les mémoires du cosmos regorgent de témoignages attestant que les actes commis se sont passés comme ils se sont passés. Rien n'est occulté, tout est confirmé. Le Père Infini est le témoin de toutes nos actions. On peut percevoir Sa présence autant dans une pierre ordinaire que dans une divinité sculptée. Il pénètre chaque atome. Une simple pierre ne peut pas être adorée comme s'il s'agissait de Dieu en personne, mais puisqu'il est possible de tout percevoir comme l'énergie de Dieu, nous pouvons vénérer toute chose; ainsi peut-on voir Dieu dans une pierre. À plus forte raison peut-on Le voir aussi en chaque être vivant. *L'âme est un échantillon de Dieu*, une infime particule divine; si je connais l'échantillon, je suis alors en mesure de connaître le tout. Le monde alors n'est plus qu'une seule demeure.

Christ ou Krishna, le nom est le même. Dieu est universel, cela signifie qu'Il a le pouvoir inconcevable d'être simultanément multiple, d'apparaître différemment selon des circonstances de lieux, d'époques ou de cultures fort variées et au même instant demeurer le même. Telle est Sa puissance surnaturelle. Il est impossible de percer le mystère de l'origine de la vie universelle sans admettre le pouvoir surnaturel de Dieu. On me répondra que les hommes de science ne croient pas aux pouvoirs surnaturels. Et je répondrai que je ne *crois* pas aux dogmes de la science. S'ils n'admettent pas la puissance du Créateur, ils doivent alors expliquer l'origine des éléments chimiques. D'où vient l'acide citrique d'un citronnier? Faute de pouvoir réellement expliquer ce phénomène, ils doivent reconnaître que la force vitale possède une puissance d'ordre surnaturel. La croissance des corps s'opère grâce à une énergie de nature inconcevable. Si cette énergie existe en nous, la partie, combien doit-elle être plus grande en Dieu, le Tout! *En observant n'importe quelle personne, on peut commencer à saisir la nature de Dieu.* Les pouvoirs des hommes et des femmes de tous pays et de toutes couleurs sont de même nature que ceux de Dieu. Nous qui tenons ce livre dans nos mains, nous qui entendons ces paroles, nous avons les mêmes pouvoirs que Dieu, nous pouvons comme Dieu, produire certains produits chimiques, mais nous ne pouvons en produire qu'en petite quantité, alors que l'Être Suprême en élabore des quantités infinies. Je suis capable de produire quelques gouttes d'eau sous forme de sueur, Dieu, Lui, peut créer des océans. Voilà ce que les maîtres de la science surnaturelle m'ont appris. La nourriture qu'absorbe une femme lui permet de produire du lait alors que l'homme, lui, n'a pas ce pouvoir; et pourtant tous deux appartiennent à la même espèce vivante. N'est-ce pas là un autre pouvoir surnaturel? Personne ne s'en étonne mais quel homme de science est capable d'en faire autant? Il dira que le lait est produit grâce à l'action de certains enzymes ou d'éléments chimiques sécrétés par le corps; mais *qui* a créé ce processus et ces enzymes? Le savant s'octroie le crédit du bébé éprouvette, mais nous avons vu que s'il prend au départ des cellules vivantes, sa manipulation n'est pas une création. Quel est donc son mérite si tout s'accomplit déjà dans le laboratoire universel de la nature sous l'impact des pouvoirs surnaturels du Suprême? D'où vient cette utopie d'une création sans Créateur?

Avec l'avènement de l'harmonie universelle, cette chimère d'une conscience créée *par hasard* n'a plus lieu d'être. Beaucoup de gens désormais rejettent l'idée d'un design de l'univers qui n'aurait pas de designer Suprême. Débarrassés des dogmes sectaires, comme des hypothèses douteuses, on entre aujourd'hui dans un âge qui a été prophétisé par un nombre important d'anciennes cultures. La tradition Védique, les Lamas Tibétains, les chamans Amérindiens, les Mystiques de l'Inde, les prêtres Mayas ainsi que de nombreuses autres cultures prédisent avec précision la venue d'une nouvelle ère sur la Terre. Le plus grand avantage de cette période, malgré le chaos éventuel que de grandes guerres pourraient créer, serait l'opportunité inespérée pour l'être humain de progresser de façon fulgurante sur la voie de la vie spirituelle! On dit souvent qu'on apprend beaucoup par les épreuves et les difficultés de la vie, et que lorsque tout va bien le progrès intérieur n'est pas aussi rapide. Mais si nous devenons plus conscients du but de notre existence, plus conscients de notre vraie identité, plus conscients de l'universalité du principe divin, je reste absolument convaincu qu'on peut assimiler beaucoup plus de vérités sur nous-mêmes et sur l'univers en vivant dans la paix, la joie, le succès, l'abondance et le bonheur. On pourrait commencer à s'amuser à être conscient de Dieu aujourd'hui même...

17

Tous les maîtres sont Un

« La vérité n'est pas quelque chose de statique. Ce n'est pas un point fixe puisqu'elle reflète l'Illimité et l'Infini »

Il arrive que quelqu'un m'indique la route lorsque je cherche mon chemin, mais c'est à moi de faire le trajet. Après qu'un maître m'ait montré la façon la plus directe de résoudre une énigme, il me laisse me débrouiller tout seul et m'apprend à ne compter que sur moi-même. Il ne résout rien à ma place. Si j'attends d'un professeur qu'il me donne la réponse que je souhaite ou que j'imagine, je n'apprendrai rien. Il est évident que je ne saurais choisir un maître selon mes préjugés, ou selon les tendances du moment. Je ne cherche pas une issue à mon désarroi, je cherche quelqu'un qui a *vu* la vérité, c'est différent. Si je suis l'auteur de mon égarement, qui pourrait l'éclaircir à ma place? Tant que je n'ai pas clarifié mes conflits, tout ce que me dira un guide sera inutile. On me montrera le chemin, mais je partirai dans l'autre sens. Pour que la rencontre soit fructueuse, *il est capital que celui qui s'informe soit qualifié* pour recevoir l'information, sinon les renseignements tomberont dans l'oreille d'un sourd. Si je ne suis pas conscient de mon égarement, quelle est l'utilité d'avoir un guide? Si je choisis un maître selon les critères de l'illusion dans laquelle je suis, je ne peux que rencontrer quelqu'un qui se fait passer pour maître, qui ressemble à un maître, mais qui se situe en réalité au niveau de ma propre confusion. Il en ressortira une confusion encore plus grande.

L'important n'est pas de savoir si telle personne qui s'affiche comme un guide correspond à l'image que j'ai d'un maître spirituel, l'important c'est d'abord de savoir pourquoi je cherche un guide, de savoir quelles sont les motivations réelles de cette quête. Ma déception est toujours à la grandeur de mes attentes. C'est parce que j'ignore cette simple réalité que je dis généralement que les « gourous » sont là pour exploiter les gens. Et alors que je répète cette phrase, je ne me rends pas compte que dans la réalité il s'agit le plus souvent de pseudo-disciples qui exploitent de pseudo-gourous.

Le vrai guide enseignera la manière de se comprendre soi-même. *Essayez simplement de comprendre que vous êtes différents de votre corps physique* dit Bhaktivedanta Swami. Dans ma vie, je suis moi-même la source de tous les malentendus. Si je suis dans la confusion par rapport à l'état de mes relations familiales ou professionnelles (ce qui est une source de douleurs et d'angoisses sociales), quel gourou pourrait solutionner mes conflits? Aucun. Je dois le faire tout seul. Ensuite, je vais pouvoir approcher un maître pour les bonnes raisons et avec la bonne attitude. À ce moment-là, je me qualifierai pour trouver un guide spirituel qui en soit vraiment un. Sinon je vais vraisemblablement tomber sur un charlatan qui ne fera que profiter de mon ignorance. Un singe peut imiter un médecin, mais quelle est la valeur de sa médecine? Devant la prolifération stupéfiante des grandes et petites sectes aujourd'hui, on se demande pourquoi il existe tant de faux prophètes; en réalité, ne devrait-on pas plutôt s'interroger sur le nombre bien plus grand de faux disciples?

Le mental est un produit de nos propres conditionnements, il est donc limité. Or la vérité est illimitée. Je ne peux donc pas approcher un maître avec le mental ou avec l'intellect. Que dire de l'approcher avec les sens… qui sont encore plus limités. Je dois chercher avec le cœur qui est le siège de l'amour illimité. Ma recherche me fera au préalable rencontrer le guide caché à l'intérieur de mon propre cœur. *Je ne peux trouver cette vérité ailleurs qu'en moi-même.* Ensuite, comme par un effet de résonance, je rencontrerai le guide spirituel extérieur. Le maître extérieur confirmera la vérité du maître intérieur. Le maître est l'ambassadeur de Dieu et en tant que tel il est futile d'essayer de retrouver en lui la simple projection de notre propre idéologie. La vérité n'a rien à voir avec les fantasmagories ou les opinions du mental. Elle n'appartient ni au maître ni au disciple. Elle est la possession du cœur.

Si je veux garantir que la Conscience Absolue puisse bel et bien être approchée à travers la voie que j'ai choisie, le principe le plus décisif est d'agir d'après l'orientation de l'un de Ses médiums transparents. La satisfaction de l'Être Infini en dépend. Si le médium est faux, toute la démarche est perdue. Par contre, s'il ne s'agit pas d'un être ordinaire travesti en gourou, s'il s'agit d'un maître authentique, un émissaire de la divinité, alors le moindre geste accompli sous sa direction m'apportera un bénéfice spirituel inouï. À travers ce contact, j'aurai déjà un lien avec les dimensions multiples du Ciel spirituel. Quand je me réfère à la signification du sanskrit *guru,* je remarque que le sens exact du mot est diamétralement opposé à ce que m'en donne les médias. Il doit y avoir un manque de documentation quelque part… Selon la tradition védique, le *guru* est *acharyadeva*, c'est-à-dire qu'il n'est concerné par aucune intention sectaire. Je parle ici d'un principe élémentaire pouvant s'appliquer à toutes les époques, à toutes les cultures et dans tous les pays. Et la conclusion étonnante et prodigieuse d'un tel principe, c'est qu'il ne peut être question de faire une discrimination entre les maîtres, si bien sûr il s'agit d'âmes réalisées et non de gourous d'opérette. Il n'y a par conséquent qu'un seul et unique guide, qu'un *unique maître spirituel qui se manifeste sous une infinité de formes,* une multitude de personnalités, une abondance d'aspects, dans le but de diffuser et de communiquer la lumière de la connaissance et de l'amour divin. Homme ou femme, il n'y a qu'un seul maître…

Si la Vérité est Une, le maître de cette Vérité ne peut qu'être Un. Par conséquent, il ne peut pas être le gourou d'une secte, ou d'une institution religieuse refermée sur elle-même. Il est le guide universel qui n'est pas préoccupé par des intérêts partisans. Il n'affirme pas qu'il est lui-même Dieu et ne nous dit pas naïvement que nous allons le devenir en chantant durant six mois un mantra secret qu'il nous a vendu par ailleurs très cher. Je ne parle pas ici de ce genre de guide postiche.

Le maître, sous n'importe laquelle de ses formes, me rappelle que je suis destiné à récolter les réactions, bonnes ou mauvaises, de mes actions passées et que le but de ma vie est de retracer la conscience de l'immortalité en offrant ma vie à la recherche de la Vérité. Tous les grands maîtres sont des révolutionnaires dont les messages peuvent paraître différents mais qui sont essentiellement les mêmes. Valmiki, Vyasadeva, Platon, Jésus, Mahomet, Confucius, Krishna-Chaitanya et tant d'autres illustrent cela par leur mission. Le maître ne prêche pas ces formes timides de réalisation spirituelle que sont la crainte de Dieu, le nihilisme ou l'impersonnalisme. Sa compréhension englobe tout, la nature, les êtres vivants, la matière, l'esprit, la lumière du Brahman, l'Âme Suprême et va jusqu'à inclure l'aspect Personnel du Divin.

Que le maître spirituel révèle la sagesse sous forme de paraboles, de poésies ou au moyen de danses, de chants, de livres ou d'entretiens, il ne vient pas pour abolir mais pour renouveler. Le sauveur de Jérusalem, le sauveur de La Mecque, le sauveur de Mâyâpur ne font qu'Un parce qu'ils enseignent la même philosophie, bien qu'ils le fassent de diverses façons pour des peuples différents. Qu'il se manifeste sous une forme ou une autre, en Asie ou au Moyen-Orient, le maître nous montre avant tout la manière de recevoir un message. Si parvenir à transmettre une information est un art, parvenir à la capter de la bonne manière est un art peut-être encorc plus grand. On reconnaît un maître au fait qu'il ne stérilise pas la connaissance. Il la laisse circuler librement et lui permet ainsi de se développer. *La vérité n'est pas quelque chose de statique. Elle est dynamique, progressive, mouvante. Elle a une vie qui lui est propre. Ce n'est pas un point fixe puisqu'elle reflète l'Illimité et l'Infini.* Le maître transmet par conséquent les symboles de la Vérité en encourageant l'étudiant à créer de nouveaux symboles avec ce qu'il vient de recevoir... Il n'y a pas spéculation mentale car l'essence du savoir n'est pas diluée, toutefois, cette essence est présentée de manière renouvelée, conformément à différentes circonstances de temps et de lieu. *Le plus grand travail du maître est d'apprendre à l'étudiant comment libérer la connaissance de ses carcans extra culturels et comment briser les chaînes des paradigmes de la pensée.* Il fait cela pour que l'énergie de la conscience puisse se mettre à circuler, s'affranchir des vieux schémas et que s'opère la transformation du cœur.

Le maître n'est jamais rigide. Il sait que sa pensée doit cheminer dans l'esprit de l'étudiant sous la forme d'un amendement et d'un développement. Il ne brûlera jamais un livre qui contient des choses qui lui semblent inutiles, car pour lui aucune pensée n'est inutile. Il perçoit la pensée comme une route qui mène à une autre route. Il sait qu'une voie en mauvais état peut conduire à un chemin bien entretenu. Une idée mène à une autre. Les pensées, les idées, sont une suite constante de moyens et d'objets dans l'évolution du savoir.

Qu'il soit une femme ou un homme, le maître va naturellement au-delà de l'aspect impersonnel de l'Absolu parce qu'il ne peut se contenter d'une vision limitée du Tout Complet. Il possède une foi inébranlable en l'Être Suprême et voit en Dieu son unique amour, ami et protecteur. Telle est la condition naturelle de l'âme jouissant du plaisir de la vie éternelle. Le maître se place dans une position de dépendance absolue vis-à-vis de l'Infini; c'est là qu'il trouve la plus grande satisfaction et le plus grand bonheur. Il a conscience que c'est précisément le penchant inverse (par quoi, dans un esprit illusoire d'indépendance totale, on s'imagine être capable de dominer la nature matérielle), qui constitue la cause de toutes nos angoisses et de toutes nos souffrances. Pour un tel médium entre les dimensions surnaturelles et la vie, il est clair que toutes les douleurs et tous les problèmes auxquels je suis constamment confronté dans ma condition d'âme incarcérée dans la matière, résident dans le faux ego, c'est-à-dire dans la fausse conception d'être une particule vitale indépendante de l'ensemble de la vie universelle.

La cause de l'attachement spirituel réciproque entre le maître et Dieu réside tout simplement dans la relation intime des âmes. Les liens du corps sont fort doux et des plus naturels. Combien plus tendres encore sont les liens de l'âme! Cet attachement pour le Seigneur représente un échange de sentiments marquant le service d'amour que le maître offre à l'Absolu. Le gourou authentique ne cherche jamais à avoir beaucoup de disciples, ni de grandes richesses, ni de s'entourer de jeunes garçons ou de jeunes filles aux corps ravissants. Son intérêt est ailleurs. Il n'est absorbé que par la douceur des sentiments spirituels qui relient toutes les âmes entre elles. Que savons-nous de son secret?

Je ne peux pas approcher le président directeur général d'une grande compagnie directement. À moins d'être un membre de sa famille, je suis obligé de m'adresser à de nombreux intervenants pour finalement avoir l'opportunité d'entrer en contact avec une de ses secrétaires personnelles. Pareillement, j'ai plus de chance d'approcher le Président de tous les univers si je le fais par le truchement de Son médium. Dans ma situation, dans l'état de conscience dans lequel je me trouve actuellement, dans la condition qui est la mienne aujourd'hui, je ne peux tenter d'établir une relation directe avec ce que je ne suis même pas en mesure de concevoir. L'aide d'un intermédiaire authentique, d'un pur serviteur de Dieu, capable de me guider vers le but désiré, demeure indispensable. Pourtant, je fais partie de la famille divine. Mais je l'ai quittée il y a si longtemps qu'en cours de route j'ai oublié ma relation personnelle avec elle. Par immense compassion, le Père Absolu envoie régulièrement des émissaires christiques pour rappeler la parabole du fils prodigue. L'âme ne reçoit cette médecine que lorsqu'elle la désire avec ardeur et dévouement, détachée de tout intérêt propre. Les guides et les maîtres de l'univers entier nous assistent et vont jusqu'à nous approcher en esprit afin de nous soutenir dans notre quête.

La Vérité est active. De nouvelles relations sont continuellement appelées à être créées. De nouvelles informations sont transmises constamment, et de nouveaux médiums, de nouveaux *channels* ouvrent sans cesse de nouvelles avenues. Les Saintes Écritures du passé ne peuvent pas contenir tout ce que nous pourrions recevoir de Dieu parce qu'il s'agit d'un Infini. Par conséquent, aucun livre n'est jamais complet, jamais exhaustif. L'*Absolu sera toujours inachevé, inaccompli parce que la Vérité n'a ni début ni fin.* Même Dieu lui-même n'appréhende pas Sa finalité parfaitement puisqu'Il est toujours en devenir. Si la Vérité avait un aboutissement, ce ne serait pas la Vérité. L'Être Infini n'a pas de finalité, l'amour divin pas de conclusion, pas de dénouement. L'Absolu est sans issue, sans solution finale.

Les livres sont forcément incomplets vis-à-vis de l'Illimité. Le sujet ne peut jamais être épuisé. En outre, la Révélation Divine, quelle qu'elle soit, devient altérée au cours des temps. La sagesse enseigne d'étudier les Écrits du passé avec circonspection, quel que soit la réputation de leurs auteurs. Même l'auteur des Védas, le grand Vyasa, que l'on reconnaît en chaque maître, ne parvient pas à approuver totalement l'ensemble de son œuvre. Sa propre conscience lui dicte ces pensées: « *Vyasa, tu ne peux te contenter de l'image erronée de la vérité qui fut présentée par les sages des temps passés. Tu dois aller frapper à la porte de la Réalité Infinie dont les maîtres tirent leur richesse. Rends-toi à la source où aucun pèlerin ne connaît la déception!* » Ce conseil que Vyasa entendit dans son cœur, s'adresse également à nous aujourd'hui.

Le maître enseigne la liberté. Le service d'amour divin bénéficie d'une liberté totale; c'est à sa guise qu'il se développe et nul ne le contraint. Dans toutes les sphères de la dévotion, de la méditation ou de l'adoration, la liberté demeure le pivot central. Sans liberté, il ne saurait être question de service. S'abandonner à Dieu par l'intermédiaire du maître représente la conquête de la plus grande liberté qui soit.

C'est pourquoi le maître ne séquestre personne. Il ne s'adonne pas non plus aux manipulations mentales comme le font de nos jours sans l'avouer le matraquage publicitaire et les campagnes électorales de toutes sortes. Pour lui, la liberté mentale représente le plus grand don divin. C'est pourquoi il enseigne comment penser par soi-même et ne se laisse pas abrutir par les systèmes de propagandes actuelles. Il tente de déceler en lui-même d'autres aspects de la Vérité encore inconnus.

Les différences entre les grands maîtres spirituels ne devraient pas être mal interprétées. Toutes les traditions foisonnent d'une pluralité de guides. La Vérité est éternelle et ses émissaires sont innombrables. Ils diffèrent l'un de l'autre dans leurs descriptions de l'Absolu parce qu'ils se situent à des niveaux variés de pénétration et de perception d'un sujet qui, de toute manière, demeure infini. Il est possible aussi que certains d'entre eux ne révèlent pas toute la profondeur de leurs réalisations et se limitent volontairement à ce que leurs contemporains sont en mesure d'intégrer. Le guide n'est pas le chef d'une secte. Le guide ne fait que représenter un principe universel. L'élève suit la voie tracée par le maître précédent. Éventuellement, il devient maître lui-même s'il en a les qualités. Il le devient sans s'en apercevoir. Il est maître sans le savoir, et sans le faire savoir non plus. Certains étudiants écoutent sa parole et tentent simplement spontanément de l'appliquer d'une manière pratique dans leur vie.

Le maître offre tout à Dieu, y compris le respect que ses disciples lui offrent. S'il lui vient quelques grains de riz, il les offre à Dieu. S'il lui vient de grandes fortunes, il ne les rejette pas mais les engage en totalité au service de Dieu. Il ne garde presque rien pour lui-même. Il fuit la célébrité comme la peste. Il ignore le prestige. Il considère l'argent comme un don de la déesse de la fortune et le redistribue sous forme de réalisations conscientes de l'Être Suprême. Il peut dormir sous un arbre ou dans un palais. Cela l'indiffère. Il chante les Saints Noms du Seigneur et invite ceux qu'il rencontre à le faire. C'est un être libéré. Il goûte le son des larmes qui guérissent. Krishna danse dans son cœur. Il incarne l'amour infini qui unit l'humain au divin. Le Seigneur Rama gouverne son âme. Le Seigneur Jésus-Christ rayonne près de lui. Le Seigneur Allah le protège. Adonaï El Saddhai, le Bénéficiaire de toutes les opulences, agit envers lui comme une mère agit envers son enfant. Bouddha illumine sa conscience. Il demeure en tout temps un porteur de lumière.

Étrangement, le médium de Dieu peut quelquefois ne pas réaliser toute l'ampleur des choses qui passent à travers lui. La force divine n'est pas une chose acquise ou innée. C'est une énergie qui descend du monde céleste à travers la succession disciplique particulière dont le maître est un chaînon. La plus grande qualification du maître est sa foi en son propre maître. Inutile donc de le voir comme limité par sa personnalité externe. C'est plutôt la grâce de Dieu, qui coule à travers lui jusqu'à nous, qu'il est doux de ressentir et de voir en lui.

Approcher un tel guide pour des motifs liés à des bienfaits temporaires est à rejeter. Le domaine de la vie intérieure n'est pas une chose abstraite ou douteuse. Pour reconnaître le vrai guide du faux, il existe des signes clairs et précis. Il y a une différence entre la vie des uns et la vie des autres. Tous les êtres humains n'ont pas la même conception de l'existence.

Qu'est-ce qui fait que certaines âmes sont attirées par la lumière de la divinité alors que d'autres ne peuvent même pas en supporter l'idée? Désirer trouver la paix et la prospérité sur la terre tout en demeurant respectueux des lois naturelles relève d'un caractère divin. L'être à l'esprit troublé, quant à lui, souhaite exploiter le monde sans tenir compte de l'harmonie céleste. Le vrai maître est le *médian*, l'âme médiatrice de toutes les grâces, le serviteur. Le faux maître ignore qu'il n'est qu'un fragment divin et se prend pour Dieu en totalité. *En général, il ne perçoit que l'aspect impersonnel de l'Absolu et ne parvient pas à dépasser ce niveau qu'il pense définitif.* L'aspect de la Substance Divine sous sa forme de Personne Infinie lui échappe totalement. Tous les maîtres sont Un veut dire: tous les médians authentiques entre l'humain et le divin sont Un. Les autres n'en sont tout simplement pas. Juger son prochain d'une façon envieuse est périlleux, mais j'ai pu remarquer à plusieurs reprises au cours de ma quête que faire une discrimination entre un escroc et un honnête homme est judicieux. Le filou de la spiritualité est assez facile à repérer. Il dit par exemple que cet univers est irréel puisqu'il n'a pas de fondation transcendantale, que Dieu n'existe pas et que tout est le produit du désir sexuel et n'a pas d'autre cause que l'avidité et la concupiscence. Chez lui, l'appât du gain est féroce. Au lieu de tout percevoir comme l'énergie du Suprême, il fait remonter l'origine de l'humain à des expériences scientifiques menées par certains… extra-terrestres. Les différentes civilisations extraterrestres sont bien entendu une réalité, mais elles ne sont pas à l'origine de la création. Toutes les races du cosmos sont issues de l'Unique. Le guide angélique est un amoureux du Seigneur. Il adore et respecte Dieu sous toutes Ses Formes et sous tous Ses Noms. Il est miséricordieux, généreux, alerte à développer la connaissance, d'une grande simplicité, il connaît la paix du cœur, pardonne tout, évite le mensonge, et s'abandonne entièrement à la volonté de l'Absolu. Il travaille à injecter dans la société les principes fondés sur la réalité de l'universalité divine. Il témoigne de l'existence de Dieu tout en s'abstenant de fonder un nouveau mouvement religieux. S'il crée des associations, ce sont avant tout des processus de purification de la conscience. Ce ne sont ni des sectes ni des religions. Le maître donne une indication qui montre avec clarté le chemin menant vers l'union des êtres, par quoi ils travailleraient à la poursuite d'une vision commune dans la paix et l'abondance.

Le maître ne se révolte pas contre les apparentes infortunes de l'existence. Dans les situations défavorables, il accepte de subir les effets de ses vies passées, ou de subir les tests et les épreuves de la Providence. Jamais il n'accuse Dieu d'être la cause de ses difficultés dans lesquelles il voit la faveur d'un arrangement supérieur.

De même qu'on distingue différents niveaux de connaissance acquise, on distingue différents effets pour différentes causes. Le maître vivant qui, par la pratique spirituelle, s'est libéré du concept matériel de l'existence parvient à être en accord avec la volonté de Dieu, il vibre en harmonie avec le monde transcendantal. Son bonheur ne connaît pas de borne. Par ailleurs, le gourou de pacotille qui n'a pas appris à acquiescer aux structures de l'Universel, et qui refuse ouvertement un tel mode d'action pour toutes sortes de raisons, se retrouve à terme en désaccord avec la façon dont fonctionne l'ensemble du cosmos. Ne suivant pas les arrangements de Dieu, le Tout Complet, son malheur n'a forcément pas de limite. Il s'en aperçoit avec le temps qui passe. La Vérité est inscrite dans le cœur des êtres vivants. Le prérequis pour la capter est la transparence, la sincérité de l'appel. Les guides fascinés par le divin sont déjà détachés du monde. Au lieu de faussement renoncer aux objets prétendus matériels, ils les engagent au service de l'éveil. Ils semblent évoluer dans la matière, mais en réalité ils *sont déjà dans le royaume de l'Esprit. Pour eux, le monde spirituel se situe ici même, sur la Terre.* Le cœur des maîtres est paisible et empli de bénédictions pour les âmes prisonnières des possessions éphémères qu'elles accumulent autour d'elles et qui se dressent comme des murs de prison aussi longtemps qu'elles les exploitent au service du plaisir de l'ego humain. Les maîtres trouvent une joie lumineuse à convier la matière à satisfaire les sens absolus du Maître du Cœur. Ce sont de grands guérisseurs et de grands alchimistes. Ils ravivent chez la personne qui croise leur chemin le souvenir de l'Aimé. Ils savent que les plus grands yogis expérimentent quotidiennement, dans les tâches les plus humbles de la vie, la joie ultime de servir les pieds de lumière du Seigneur.

Quelle est l'activité de la succession disciplique invisible des maîtres qui se manifeste parmi nous d'une manière surnaturelle? Pourquoi ces médians, intermédiaires entre les hommes et les anges, sont-ils chers au Seigneur? À observer les maîtres rencontrés dans cette vie, je suis certain d'une chose: devenir cher à Dieu n'est pas affaire d'identification à une Église ou à une doctrine. Il me semble qu'il s'agit plus d'une question de caractère, c'est-à-dire d'une chose reliée à la nature profonde du maître. Lorsque j'ai eu l'incroyable opportunité de rencontrer et de vivre quelques temps avec Swami B.R. Sridhar dans son *ashram* de Nabadwip, sur les bords du Gange, en Inde, j'ai vu un être qui se comportait envers tous en ami bienveillant. Envieux de rien, il ne se pensait le possesseur de rien. Il est clair qu'il était libre de l'identification à la matière. Il semblait être toujours dans un état de contentement. Je sentais qu'il avait le pouvoir de pardonner inlassablement et qu'il avait, à l'âge de 93 ans, traversé sa vie terrestre en étant demeuré fidèle à lui-même dans l'échec comme dans la réussite. Il agissait sans perdre un moment et parlait constamment de la Douceur Absolue. En sa présence, j'oubliais de me demander s'il était hindou, chrétien, juif ou arabe. Peu importait. C'était un grand libéré. Il était évident que l'agitation ne pouvait le troubler et qu'il n'était affecté ni par les joies ni par les peines. Il avait appris à ne pas succomber aux assauts du monde extérieur. Aucune circonstance matérielle ne le captivait. Il ne connaissait pas la peur parce qu'il agissait pour Dieu, non pour lui-même. Il paraissait totalement détaché du fruit de ses actes et libre de toute anxiété. Parce qu'il se connaissait, il connaissait aussi l'Unique, la Beauté qui tout pénètre. C'était un pur *bhakti yogi*, un éclairé en union constante avec sa partie divine.

Le maître illumine le sentier du dévouement en décrivant en détail de nombreux points difficiles à intégrer. Avec lui, notre avancement dans la vie devient aisé. Il nous aide à puiser dans l'épreuve une assurance nouvelle en notre propre destin. Il nous rappelle qu'il n'existe de juste arrêt que celui du Monarque du Ciel. Avec des mots qu'on sent monter des profondeurs de sa conscience, il exprime l'essentielle relation qui se développe entre l'Époux et l'Épouse. Il transporte l'esprit au-delà des pôles de la Terre. Par l'influence de son amour, toutes les blessures de l'âme et du cœur peuvent être guéries. La douce protection de sa compassion recouvre toutes les erreurs, tous les manques d'harmonies. Son amour redonne vie aux jardins du cœur qui ont été gâchés. À son contact, l'âme se rachète et se transforme miraculeusement. Sous son influence bénéfique, l'âme humaine approche avec audace le domaine de l'Ami Intérieur, découvre la substance invisible dans laquelle tous les êtres évoluent et à travers laquelle toutes bonnes choses peut apparaître sous forme visible et manifeste. Avec l'appui du maître, incarné ou vivant en esprit, l'âme humaine triomphe des doutes et des craintes pour arriver à la conscience de la présence de Dieu dans le cœur, à la reconnaissance du Suprême en elle-même. Dès lors, le voile du mystère s'écarte et l'âme s'élève, prie, et demande à Dieu que sa voie soit exempte d'égoïsme, consacrée à Son service et au service de Tous. Un tel maître existe en nous, qui que nous soyons, dans les arcanes les plus secrets de nos consciences. À un tel maître, j'offre mon hommage encore et encore, dans l'éternité, la spontanéité et la liberté.

18

Le grand soulagement

« Prendre refuge dans la lumière du Maître du Cœur permet de m'affranchir d'emblée des causes de l'angoisse qui résident avant tout dans l'ignorance de ma véritable identité spirituelle »

Lorsque le malheur survient, je prends refuge dans les bras du Sans Limite. Son énergie est si vaste qu'il m'est possible de faire cela n'importe où. Grâce à l'omniprésence de la Divinité, j'ai la possibilité de me réfugier auprès de Dieu en toute circonstance, en tout temps et en tout lieu. Dès que le cœur garde constant le souvenir de ce refuge suprême, je marche sur la voie de la guérison. Extérieurement, les conjonctures sont ce qu'elles sont et peuvent être particulièrement tragiques, mais c'est surtout la manière dont elles affectent mon esprit qui crée un état de souffrance et de frustration. Je peux en témoigner aujourd'hui car j'ai vécu, et je vis encore, des situations où la colère, le ressentiment, la vengeance et tout le cortège des émotions toxiques se justifient sur un niveau d'identification à la matière. Lorsque ce genre de choses nous submergent, il devient difficile de résister à leur emprise. C'est toutefois nécessaire, ces émotions menant à des conditions encore plus pénibles. La solution ultime, celle qui libère le cœur sur-le-champ, est de prendre refuge en Dieu, sachant bien que rien ne se produit sans la sanction divine. Avec une telle attitude, je peux dire que les malheurs n'en sont plus tels que par leurs noms.

Lorsque les difficultés de l'existence deviennent un moyen de cultiver le souvenir de la réalité transcendantale, elles sont alors bienvenues! À quoi sert de vivre une vie sans tribulations si c'est pour demeurer dans l'illusion des désignations terrestres? Le sentiment de la présence ésotérique du divin est un solide vaisseau capable de franchir l'océan de l'illusion où, quoi qu'on fasse, de nouveaux dangers nous guettent à chaque pas. Les épreuves deviennent ainsi des résistances sur lesquelles l'âme s'appuie afin d'avancer plus loin dans les régions inexplorées de la conscience. Ne pas se soumettre à la colère permet vraiment d'ouvrir des portes intérieures. Or, comment vaincre la colère si aucune occurrence ne me permet d'en ressentir les méfaits? Le divin éprouve ainsi ma tolérance. Par l'effet de la providence et du karma, je dois traverser certaines confrontations qui, si je parviens à en tolérer l'apparente injustice, me propulseront plus près de mon âme, plus près de la joie qui se situe au-delà des bonheurs et des malheurs terrestres. C'est quelque chose de pratique, beaucoup plus actif au niveau du système nerveux que n'importe quel antidépresseur aux effets secondaires catastrophiques et au soulagement factice.

Je ne peux pas dépasser ma nature humaine en avalant des pilules, si onéreuses sont-elles. Aucune drogue ni calmant ne peuvent me libérer définitivement de mes vieux fantômes, de mes vieilles haines, de mes angoisses chroniques. Il est inutile d'essayer de les immobiliser temporairement à l'aide d'une camisole chimique. Combattre l'anxiété en coupant la sonnette d'alarme est un artifice dangereux. Prendre refuge dans la lumière du Maître du Cœur permet au contraire de m'affranchir d'emblée des causes de l'angoisse qui résident avant tout dans l'ignorance de ma véritable identité spirituelle. Cette volonté n'est pas une fuite en avant, c'est une prise de conscience globale qui devient très vite le vecteur d'un état de quiétude et de sérénité permanent. Cet état naît de la libération des concepts erronés du *je* et du *mien.*

Cet univers matériel est un lieu de dangers, jonché d'embûches. Par mille moyens, je m'acharne à contourner les difficultés, à éviter les obstacles, à tirer jouissance de l'existence en dépit des traverses et des chagrins qu'il m'impose. Le problème vient de ce que je suis ignorant du fait que ma conscience peut être par nature une prison, source de constantes souffrances. J'oublie que mon vrai bonheur réside dans une autre dimension, toute de félicité et sans nulle trace de détresse ou de deuil.

Mes angoisses sont donc reliées à la conception du je et du mien. C'est pourquoi lorsque la disgrâce se produit, je suis sous l'impression qu'elle est mienne. Lorsque l'infortune se présente, il suffit que je tourne mon attention vers le refuge mystique pour que revienne la stase émotionnelle. Le soulagement est magnifique, la guérison est sublime. Prendre connaissance de ce refuge est une chose concrète; on s'aperçoit que les différentiations physiques ne reposent sur rien de durable. Mes inquiétudes naissent sous l'emprise d'une identification au corps physique et donc les notions de *je* et de *mien* représentent la force motrice de la matérialité dans son ensemble. Je suis tombé sous le charme de ces idées (*ceci est à moi, cela m'appartient, je suis celui qui possède cela),* et tant que ce charme n'est pas rompu, je dois rester emprisonné dans le donjon du temps avec son manège cosmique de maladies, dans des conditions tantôt royales tantôt misérables. Cette vie est un véritable conte de fée mais la pomme de la sorcière « illusion » l'a empoisonnée. L'illusion du *moi* et du *toi* est un produit de l'ignorance. Cette notion, aujourd'hui partout répandue, est la cause de conditions prestigieuses ou sordides et elle génère la peur, la colère, l'avidité, l'envie, car elle assujettit à la mort, alors qu'en réalité l'être vivant survit à la destruction des différentes enveloppes charnelles qu'il habite au cours de ses innombrables réincarnations.

Je n'ai trouvé qu'un seul moyen pour libérer efficacement mon cœur des inquiétudes qui le rongent, du stress qui l'étouffe, et de l'étau de colère qui l'enserre. Ce moyen consiste à déplacer la conscience du niveau *je-suis-ce-corps-et-ceci-est-à-moi* au niveau *je-suis-l'âme-éternelle-et-tout-appartient-à-Dieu.* En dépit de tous les maux qui ne manquent pas de m'atteindre, la conscience développe ainsi le sentiment merveilleux de progresser sur le sentier du bonheur. De cette manière, je prends graduellement conscience que les coups du sort, les désastres, sont sans fondement. Lorsque je rêve, les dangers qui me menacent sont eux aussi sans réalité. On peut se voir dévoré par un monstre, hurler de peur, transpirer et se débattre comme un forcené, alors qu'en réalité, le monstre n'est qu'illusion. De même, mes malheurs, mes accidents, mes prétendues malchances, mes faillites, et tous les monstres de ma vie sont en quelque sorte des songes. Bien que réel, l'univers est temporaire.

La souffrance humaine est réelle mais on peut la considérer comme illusoire, car elle est toujours de nature éphémère. Cette vision représente un pas en avant sur le chemin de l'affranchissement. Je parviens ainsi à moins souffrir et éventuellement survient la cessation de la souffrance qui met un terme définitif à mes hallucinations. Entrer en contact avec l'énergie divine apporte des gains tangibles. Les situations désagréables sont toujours présentes mais je n'y suis plus identifié. Au lieu de me faire souffrir, elles deviennent les marches de l'escalier qui monte vers la paix. Au lieu de les maudire, je les bénis.

Plus je suis désillusionné du monde, désenchanté de la matière, plus le charme de l'illusion se brise. Plus ce charme est rompu, plus il devient facile de communiquer avec Dieu. Bien qu'au début de sa recherche, l'âme désire sincèrement entrer en contact avec la puissance interne, puissance qui descend directement dans le cœur pour éveiller les lumières spirituelles, son éventuel désir de reconnaissance sociale et de possessions matérielles pose un grave obstacle sur la voie. Progresser vers les régions secrètes de l'Infini devient ainsi pratiquement insoluble. Ce que fait le maître alors est de proposer à l'étudiant une ascèse avec laquelle il lui est possible de surpasser cet écran. Ce n'est pas que la richesse et la beauté du monde créé soient de mauvaises choses, mais tant que je n'ai pas appris à tout engager dans le service, une trop grande prospérité matérielle peut me rendre suffisant, et ainsi, m'empêcher de progresser sur la voie intérieure. Plus je suis sous l'impression de posséder de nombreux biens, plus il m'est difficile de m'en détacher. L'angoisse de me faire voler se traduira par toutes sortes de messages autour de moi: *Défense d'entrer*, *Propriété Privée*, *Attention Chien Méchant,* etc. Il ne faut donc pas trop s'en faire lorsqu'on s'appauvrit matériellement, comme cela se produit parfois, quand on progresse sur la voie spirituelle. C'est en fait un bon signe... Cet appauvrissement temporaire atténue la fièvre de la passion qui retient prisonnier de l'avidité et de l'appât du gain. Tant que je brûle d'acquérir cette prospérité dans l'unique but d'en jouir personnellement, je suis grisé, surexcité, comme enivré de ces divers atouts éphémères et je deviens d'une extrême arrogance. Cela m'empêche de percevoir la présence de l'âme. Une fois libéré de cette ivresse, la richesse et l'abondance deviennent de merveilleux avantages que je peux engager favorablement au service de l'éveil; mais il n'y a pas lieu de s'alarmer si, à différentes périodes de ma vie, la Providence me garde opportunément dans une humble position sociale. Cela peut dissimuler en réalité une grande protection de la part des énergies spirituelles. Si je ne vivais pas de moments difficiles, je ne serais pas en mesure de trouver l'Ultime Refuge.

Vue sous cet angle, toute perturbation issue de complications existentielles revêt un caractère insignifiant. Ces mêmes problèmes s'avèrent parfois propices à l'élévation de la conscience, à l'agrandissement du cœur. Rien n'est absolument négatif, ni la richesse ni la pauvreté, et tout peut mener à un affermissement de l'intérieur. Même l'échec peut être le pilier du succès.

Fascinés par l'énigme universelle, les résidants des bosquets intérieurs se prosternent aux Pieds du Jardinier originel. Ils Lui demandent de les guider à travers la forêt de leurs actes passés, sur le chemin qui conduit jusqu'aux espaces où les conséquences s'évanouissent et où l'expansion de la conscience ne rencontre nul obstacle. Cet abandon les mène à la joie parfaite qui fait apparaître toute situation comme le résultat de la grâce. La joie n'est pas le résultat d'une noble naissance ou d'une grande richesse, ce n'est pas non plus le fruit d'une haute éducation ou de traits corporels séduisants. Qu'est-ce que la joie? Je m'imagine dans la pire des situations, sans argent ni soutien, je n'ai rien mangé depuis plusieurs jours, je suis dans la rue, il fait froid, il pleut, et lorsque j'arrive à la porte du centre qui doit m'accueillir, on ne me reconnaît pas, on me chasse violemment et on me laisse seul dans la nuit. Je parviens à tolérer toutes ces épreuves pour l'amour mystique de la transcendance, sachant qu'elles me sont envoyées pour ma propre purification. Je connais alors ce qu'est la joie parfaite, cette suprême protection intérieure capable de changer la face de l'existence. En esprit, le maître François d'Assise (1182-1226), qui visita les lépreux et les pauvres, nous enseigne à jamais cette joie sublime.

La joie de l'abandon réduit tout en cendres. Elle enlève le voile d'éblouissante lumière qui occulte le Visage de Dieu. L'abandon procure un apaisement, une consolation, un assouplissement qui guérit. Tout se passe en dedans. La rémission est immédiate, miraculeuse. Le lâcher prise procure un tel contentement que tout l'être se trouve comme emporté par une vague de plaisir intense. Le faux moi meurt et le vrai moi se développe. Le contact avec l'âme sise au fond du cœur est établi. Lorsque tout va mal dans ma vie, je m'abandonne à L'Infini. Il est au courant de tout. Je lui offre les fruits de toutes mes actions, je fais cela en secret. Je visualise en pensée les pieds merveilleux de mon guide et j'y pose mon front. Quand au fond de moi je ne retiens plus rien, quand le dessaisissement est total, les larmes se mettent soudain à jaillir, les tensions sortent, les peurs nocives s'échappent. Très vite, les sanglots deviennent rafraîchissants et libérateurs. Ce sont des larmes d'extase. Il s'agit du rejet d'un faux moi-même et de l'adoption d'une vraie individualité. Il s'agit du désistement de l'ego humain temporaire et de l'acquisition du moi divin immortel. Je déserte l'illusion et j'adopte la réalité. J'évacue ce à quoi j'étais si attaché et qui me faisait tant souffrir. Je réintègre mon âme. Je reprends mon pouvoir. Je renonce à la douleur, j'accède au plaisir véritable qui est le plaisir de mon guide et qui est le plaisir de Dieu en moi. Chacun sait ce que cela veut dire par rapport à lui-même puisque chacun est unique et que nos attachements diffèrent les uns des autres.

Cet ultime abandon fait beaucoup de bien. Quelque chose se dilate de l'intérieur. On respire mieux. Tout est dédramatisé d'un seul coup. Le rétablissement est spectaculaire. L'être le plus vil peut ainsi être élevé au niveau le plus haut grâce au seul pouvoir de l'abandon, unique contrepoison de ces ressentiments qui rongent le cœur parfois pendant plusieurs existences. Seule une personne de bonne volonté est capable de pratiquer ce genre d'exercice; l'homme dont la vie n'est qu'une suite de méfaits n'a pas accès à ces plaisirs. N'ayant pas cultivé son cœur avec les fleurs de la bonté, de la charité et du partage, il n'aura pas le réflexe de s'abandonner et devra trouver d'autres solutions pour se libérer des angoisses qui le tenaillent.

De nos jours, nous sommes légions à chercher la solution dans une voie spirituelle impersonnelle. Pour nous les mots Dieu, âme, Jésus-Christ, Krishna ou Narayana n'ont aucune valeur et ne font qu'encombrer la parole. Pour nous, comme pour les matérialistes, Dieu n'existe pas. Les adeptes du Vide, en réfutant l'éternelle individualité de l'âme, réfutent aussi l'aspect personnel du Divin. C'est au fond une sorte de suicide spirituel. La vacuité peut aussi devenir un des terribles pièges de l'illusion. Nier l'Être Suprême, d'une manière ou d'une autre, c'est encore être envieux de Son existence et vouloir prendre Sa place. Tout le problème est là: *l'évidente cause de l'angoisse est le désir d'être dominateur suprême sur les êtres et les choses qui m'entourent.* C'est pourquoi le nihiliste, en niant la réalité éternelle de l'Individualité de Dieu, tombe dans la même trappe que le matérialiste fanatique. Ces pensées sectaires, gorgées de préjugés, mènent inexorablement vers un durcissement du cœur. Une fois le cœur fermé, recouvert d'une épaisse carapace de cynisme et imperméable à toute émotion divine, la conscience chute dans la grande machination des ouvriers de l'illusion. Toutefois, la souricière du mal est un leurre. Seuls les agents célestes, les purs dévots de Dieu, peuvent, avec le flambeau du juste savoir, empêcher l'âme infinitésimale de se faire abuser par cette erreur qui consiste à imaginer naïvement que la Vie se limite à la durée du corps physique ou, plus grande fantasmagorie encore, croire que l'Absolu se limite à une vacuité, à une vague abstraction supposée lumineuse dans laquelle on se dissout... Ce genre de duperie est très populaire aujourd'hui parce que c'est une facétie qui flatte l'ego humain. Têtue comme un âne, la personnalité humaine se dit que puisqu'elle n'a pas réussi à devenir Dieu en ce monde, elle va se fondre en *Cela qui Est*, devenir *Cela qui Est.* C'est la dernière farce de l'illusion, qui fait tout ce qui est en son pouvoir pour dissuader l'être vivant d'engager son éternelle individualité divine au service de l'Être Cosmique et de réintégrer sa position constitutionnelle dans l'espace.

Le lâcher prise n'est ni la cessation de l'action ni l'annihilation de la volonté. C'est unir son désir au désir de

Dieu. Désirer pour soi-même enchaîne et fait souffrir. Tenter d'annihiler le désir est absurde. Entre ces extrêmes, la voie médiane montre avec un sourire magnifique la seule chose qu'il est demandé d'abandonner et d'offrir en sacrifice. Et quelle est-elle? C'est cette volonté tenace, entêtée, cette manie de tout vouloir contrôler avec un acharnement invraisemblable. Lorsqu'on arrive à sacrifier cette habitude douloureuse d'exploitation et de manipulation, on commence à se sentir plus à l'aise, à agir librement, par amour, détaché du résultat, sans recherche passionnée de gloire terrestre ou de puissance mystique, sans ressentir les affres de la convoitise ou de la colère, libre du sentiment de possession, serein au milieu des tourmentes existentielles, affranchi de l'attachement comme de l'aversion, sans objet de lamentation. C'est un cheminement qui n'a pas de fin, pas de but. C'est une ascension graduelle, une quête quotidienne qui se joue avec les plus petits détails de la vie. C'est une pratique de tous les instants au cours de laquelle on se sent protégé par l'Absolu. En étant vigilant, il est même possible de voir comment les arrangements de la Providence minimisent par compassion les réactions désastreuses de nos actes passés. Armé de cette intuition, lorsque les grands problèmes de la vie se présentent, au lieu de se révolter on a l'immense plaisir de savoir dire merci à l'Infini; alors chaque moment est un émerveillement.

19

La fréquence divine

« Dieu, sous Ses formes multiples, possède des centaines de millions de noms et dans chacune de ces sonorités sont investies toutes les puissances du monde spirituel »

Je n'ai pas trouvé de guérison et de protection plus sublimes, plus universellement répandues, que l'écoute et le chant des Vibrations Sonores Spirituelles. Ces Vibrations sont contenues dans les Saints Noms de l'Être Infini. Ces Noms sont innombrables et regorgent d'énergies divines aux pouvoirs miraculeux. Aucune tradition ne semble échapper à leur fascination. Les musulmans psalmodient les 99 Noms d'Allah. Les bouddhistes vénèrent divers Noms du Seigneur Bouddha et de Ses multiples émanations. Les chrétiens adorent le Nom de Jésus-Christ. Les juifs célèbrent les Lettres Sacrées. Les hindous chantent le Nom de Vishnu. Les vaïsnavas s'absorbent dans les Noms de Krishna, Rama, Hari et Vasudeva. Tous sont unis dans l'amour du Suprême. La diversité des facettes de la Vérité Absolue, au lieu d'être un obstacle, est au contraire une porte grande ouverte sur la beauté inouïe de l'immensité éternelle. Un diamant qui n'aurait qu'une seule facette ressemblerait à une pierre ordinaire. Son unique beauté ne se révèle que lorsque de multiples facettes reflètent la lumière. La multiplicité des Noms de l'Être Divin rehausse et accroît la beauté du chant des Vibrations Spirituelles. L'écoute et le chant des Noms Divins sont des activités qui libèrent le cœur oppressé par les inquiétudes que la société actuelle ne manque pas de générer. Les liens de la matière sous l'impact du Nom se desserrent. Ce doux son transcendantal est une énergie particulière de l'Infini; c'est un chant inspiré par l'amour de Dieu. Le chant et l'écoute des Saints Noms du Seigneur représentent la voie de salut la plus aisée et permettent d'obtenir le fruit de la spiritualité.

Aujourd'hui, des conflits graves peuvent éclater à tous moments. C'est pourquoi les prophéties de la sagesse universelle ont prévu pour cet âge une méthode de protection spirituelle commune à tous. Les êtres humains, chacun selon leur langue propre, peuvent se réunir et glorifier le Seigneur avec des chants mélodieux. Il suffit d'écouter les Vibrations Spirituelles du chant des Saints Noms. L'effet est immédiat et prodigieux. Les ondes sonores se propagent et viennent souffler sur le miroir du cœur. Immédiatement, toute la poussière que le contact avec la matière y a déposée s'en trouve comme pulvérisée. Les peurs et les chagrins disparaissent. Un merveilleux sentiment de guérison s'installe. La sensation est des plus agréable. Être délivrée du combat pour l'existence constitue pour l'âme incarnée le bienfait absolu. Cette délivrance est possible. Simplement en écoutant les *mantras* composés des Noms du Seigneur on peut être délivré. Dans l'ancien sanskrit du *Vedanta*, langue mystique dont l'origine remonte à la nuit des temps, le *mantra* est une formule sonore qui libère une énergie puissante. Le Nom du Suprême, dans toutes les langues, est un *mantra* capable de libérer le cœur des haines et des ressentiments qui l'étouffent et le recouvrent d'une couche d'émotions mortelles.

Tout porte à penser que la civilisation est arrivée à un point crucial de son évolution. Signe des temps, les thérapeutes sont nombreux à proposer leurs conseils par courriels et sur des forums interactifs. Le nombre de sites de conseils psychologiques ne cesse d'augmenter. Et ce qui semble être à l'origine du succès de ce secteur émergent, c'est le stress, la déception, l'inquiétude, l'angoisse généralisée qui saisissent aujourd'hui l'ensemble de l'humanité. La première cause d'incapacité, à l'échelle mondiale, est désormais la dépression. Nous semblons tous de plus en plus pressés par le temps, comme si nous sentions approcher notre fin, comme si nous tentions tous d'échapper à une forme pernicieuse de désespoir. Nous savons que « le système » est incapable de nous protéger; nous sommes conscients que les polices d'assurance sur la vie et les armées sont autant de soldats faillibles.

Dans la société actuelle, nous nous trouvons tous dans une situation difficile, dans laquelle nous avons besoin d'un outil approprié qui puisse nous délivrer des dangers de cet âge. Pour cela, Dieu Lui-même est venu en ce monde sous diverses formes nous donner le *mantra* de Ses multiples Noms. Chaque culture possède ce trésor, chaque peuple détient dans un dialecte particulier une ou plusieurs combinaisons sonores qui définissent les qualités, les attributs ou les actes de Dieu; et il suffit de les chanter pour être délivré des angoisses liées à la lutte pour l'existence.

L'écoute du Saint Nom permet de rester en contact avec Dieu. L'étincelle qui ne s'éloigne pas du feu demeure brillante et lumineuse. Je remarque qu'à chaque fois que je passe quelques jours sans m'absorber dans le chant du Saint Nom, ma peau perd de son éclat, mes yeux semblent s'éteindre et mon esprit s'embrume. Cela dure un certain temps. Lorsque je parviens à reprendre la récitation de mon *mantra*, je me sens plus léger, comme délivré de toutes les difficultés de ce monde matériel. C'est ainsi que j'adore et que je m'offre comme un canal vivant à la Source de tout ce qui est, simplement en récitant un de Ses Noms. C'est ainsi que je Lui demande de faire descendre dans mon cœur Ses énergies de guérison. Je le fais silencieusement ou à voix haute, sachant qu'il s'agit d'une technique extrêmement simple et efficace. En fait, *les prophéties millénaires du Védanta stipulent qu'il s'agit du moyen idéal pour atteindre l'illumination dans cet âge*. Je ne connais pas de plus grand bonheur que de me faire l'artisan de cette voie spirituelle. Rassembler quelques personnes dans une belle salle, créer une atmosphère de recueillement et donner de goûter les doux échanges de l'extase sonore qui s'attache au chant des Saints Noms de l'Être Infini, je n'ai pas d'autre aspiration. Lorsque la vie m'en donne l'opportunité, et même si je fais cela d'une manière bien imparfaite, je sens qu'une énergie me traverse et traverse également tous les participants. Il y a transmission d'énergie divine. Les personnes qui viennent écouter les Noms de l'Absolu ne constituent pas un public ordinaire. Ce sont des âmes qui font circuler l'amour de Dieu et qui le distribuent à la masse des gens. L'âge que nous traversons, d'après la prophétie du Véda, est un véritable océan de crimes, mais il présente néanmoins un unique avantage: il suffit *d'écouter*, de réciter ou de chanter les Saints Noms pour que disparaisse en nous l'angoisse chronique de la mort, nous permettant ainsi de reconstruire graduellement notre corps spirituel et de réintégrer notre potentiel divin latent. D'après cette ancienne prophétie, Dieu se serait manifesté il y a 500 ans quand Il vint en tant qu'amoureux de l'Infini sous les traits de l'Avatar *Sri Chaitanya Deva.* Il montra comment traverser les ténèbres en inaugurant l'âge de la Vibration Sonore Spirituelle. En chantant les Saints Noms, dit la prophétie, les âmes pourront être libérées de l'emprise de l'existence matérielle et retourner dans leur demeure originelle, auprès de Dieu. Telle est la puissance du son divin.

Sri Chaitanya Deva conseillait de réciter spécifiquement le *maha-mantra*, le grand *mantra* de la délivrance composé de trois Noms sacrés aux effets particulièrement merveilleux et puissants. Le premier, « *Hare* » (prononcez Haré), invoque la Forme Féminine de l'Absolu. Le second, « *Krishna* », s'adresse à Dieu dans Sa Forme Originelle d'Attraction Universelle. Le troisième « *Rama* », nous permet de communier avec la Source du Bonheur Infini. Le *maha-mantra* a un effet très spécial sur le cœur. Il incarne la protection divine sous forme sonore. Formée de ces trois énergies vibratoires, la formule sonore complète de ce *mantra* se compose de seize mots se décomposant eux-mêmes en trente-deux syllabes:

Hare-Krishna-Hare-Krishna
Krishna-Krishna-Hare-Hare
Hare-Rama-Hare-Rama
Rama-Rama-Hare-Hare

Il s'agit d'un des plus anciens *mantras révélés à l'humanité puisqu'on en trouve déjà la trace dans une des plus antiques écritures sacrées, la Kali- Samtarana Upanisad* (5 000 ans avant JC). L'avènement de ce *mantra* a été prophétisé depuis des milliers d'années. Il ne s'agit donc pas d'une invention 'nouvelagiste' ou de la fabrication artificielle d'une secte quelconque. Par ailleurs, le chant des Noms Sacrés ne se limite pas au *maha-mantra* puisque *Chaitanya* Lui-même prit le soin de préciser que Dieu, sous Ses formes multiples, possède des centaines de millions de noms et que dans chacune de ces sonorités sont investies toutes les puissances du monde spirituel.

Chacun des Noms qui désignent la divinité détient le même pouvoir. Inutile de changer de tradition. Sous toutes ses formes, l'écoute du Nom divin est toujours efficace, il libère de l'esclavage de la matière et élève jusqu'au Royaume spirituel. Il délivre très facilement des chaînes de l'existence conditionnée. Il amène la paix et la prospérité parmi les êtres humains. *Tous les bénéfices de la méditation peuvent être aisément obtenus par la seule écoute du Saint Nom.* Le simple accomplissement de ce rite apporte le bonheur et répand sur la Terre entière tous les bienfaits désirables. De tous les rites, il est le plus pur, le plus simple et le plus universel. Il peut être accompli en tous lieux et en tous temps de manière à repousser l'influence de l'illusion et à sauver l'humanité des effets désastreux de l'identification au corps physique. C'est un chant qui est toujours fructueux dans ce sens qu'il surcharge l'atmosphère d'ondes spirituelles. Ces ondes particulières rendent Dieu présent bien qu'Il le soit déjà puisqu'il *n'est rien dans notre perspective qui ne soit l'énergie de Dieu et qui ne soit Dieu.* Le Nom de l'Infini est une protection secrète. Il suffit à lui seul; aucune autre pratique n'est nécessaire. Il est aisément accessible à tous. *Le secret de la paix mondiale réside dans le développement de la conscience de Dieu par le chant et l'écoute de Son Saint Nom.* Les énergies sonores qui en émanent peuvent remédier à la confusion mondiale, en apportant l'unité et la fraternité. Du fond du cœur de la personne qui écoute ou qui chante Son Nom, le Seigneur fait naître des émotions divines. En plaisant ainsi à Dieu directement on se retrouve empli d'ondes bienheureuses et autour de nous un grand cercle de protection s'établit. Les risques de pénurie sont alors éliminés. Lorsque le Nom est chanté, il se remettra à pleuvoir là où sévit la pire des sécheresses, ensuite une situation harmonieuse s'établira, non seulement à cet endroit, mais aussi à l'échelle mondiale. Ce n'est pas en faisant l'usage de machines qu'on peut produire des céréales qui sont la base de la nourriture des humains. Dans un désert, même si on utilise des tracteurs, rien ne poussera. C'est grâce à la pluie que la Terre peut produire tout ce qui est nécessaire à notre subsistance. Or, *la pluie tombe de façon équilibrée lorsque les hommes se dévouent à l'esprit de la Terre au lieu de l'exploiter.* Ce dévouement se traduit par le chant du Nom Sacré qui est le sacrifice parfait pour l'âge actuel. Bien entendu, les athées n'accepteront pas cette méthode spirituelle de prospérité matérielle, mais qu'ils y croient ou non, le fait demeure que nous dépendons de la pluie et non des machines pour produire notre nourriture. On ne peut manger des boulons ou des ordinateurs. Si les habitants de la Terre n'ouvrent pas leur conscience au dévouement et continuent de se comporter comme de vulgaires voleurs par rapport aux richesses divines de la Terre, ils connaîtront la famine et beaucoup de souffrances. La société est en mesure de comprendre que la nourriture pousse grâce à la pluie tombée du ciel. Si partout sur la Terre les gens chantent les gloires et les Noms Spirituels de Dieu, céréales, fruits et fleurs pousseront à profusion et toutes les nécessités vitales se manifesteront naturellement. De plus, le chant des Saints Noms fait baisser et disparaître le fléau de la criminalité car il a le pouvoir de transformer le cœur. Beaucoup d'êtres incarnés aujourd'hui ne voient que ce qui est matériel. Ils manipulent l'énergie matérielle et exploitent la Terre. Mais si nous continuons dans ce sens, la civilisation va mourir. Au-delà de la matière se trouve une autre énergie qui peut encore nous protéger et nous sauver. Cette énergie toute puissante réside en chacun de nous.

Les fréquences sonores spirituelles nous délivrent des conséquences de nos actes passés et ont la force de transformer le corps physique. Elles agissent même sur les animaux, sur les plantes, et profitent aux arbres et aux insectes. Elles guérissent non seulement celui qui les chante mais aussi quiconque les entend. *Elles sont Dieu sous forme sonore.* Nous les saisissons en proportion de l'ouverture de notre cœur. Elles sont source de toute heureuse fortune.

Dieu n'a pas de nom matériel. Ses Noms sont tous immatériels, ils ne sont pas de ce monde. Nous pouvons en faire l'expérience. Les Vibrations du Saint Nom proviennent du monde spirituel et très vite elles nous transportent d'extase spirituelle. La nature du son matériel diffère de celle du son spirituel. Le son provenant des dimensions transcendantales est éternel, alors que le son relatif à l'univers matériel est terne, on s'en lasse très vite. Le son spirituel est toujours jeune, nouveau, on peut l'écouter des millions de fois sans s'en lasser. *Lorsqu'un son est émis, il met en mouvement les ondes qui créent la forme subtile qui lui correspond.* D'après ce principe qui lie le son et l'objet qu'il désigne, on comprend comment il est possible d'entrer en contact avec Dieu simplement en prononçant ou en écoutant un des Noms qui Le désigne. On entre ainsi en communion avec les formes spirituelles qui correspondent à cette vibration divine. Dieu n'est pas différent de Son Nom. Il établit Sa résidence dans le cœur de la personne qui le chante. C'est une forme parfaite de méditation et une occasion unique de ressentir des instants de bonheur intense. Le chant du Nom Sacré fait naître l'amour pour le Divin. Il permet de goûter l'extase intérieure.

Le Saint Nom me rend heureux. Dès que je le chante, je me sens guéri, protégé, supporté par l'univers et toutes les puissances d'En-Haut. Dès que je l'oublie, l'angoisse de la lutte existentielle refait son apparition. Je ne sais rien de plus; je désire seulement partager une expérience douce et belle, quelque chose qui a complètement transformé ma vie et qui continue de le faire.

La vie nous envoie de sérieuses et douloureuses épreuves et je peux certifier que le chant des Saints Noms m'a toujours sauvé, toujours protégé. C'est un outil spirituel qui fonctionne vraiment. Les concerts que je donne, les disques que je produis, ne sont pas autre chose que des opportunités de chanter et partager ce que j'ai reçu de mes maîtres. Je chante le Saint Nom et je n'ai nul souci de plaire ou de déplaire. Je goûte le doux sentiment spirituel que procure ce chant. Tel est l'essentiel de ma quête. Je sais intuitivement qu'ainsi je ressentirai au fond de moi la joie divine et que je serai protégé du pire des dangers qui est de perdre le privilège de la conscience et de la forme humaine.

Bien qu'il n'existe aucune règle stricte pour chanter le Nom de l'Infini, la qualité du chant et de l'écoute est importante. Il ne s'agit pas d'avoir une belle voix et d'être musicien, ou d'avoir l'oreille absolue. C'est autre chose. *La qualité du chant dépend de la motivation secrète qui le supporte ainsi que de l'attitude intérieure du méditant.* Chanter d'une façon mécanique n'est pas aussi efficace que de le faire avec sentiment. Faire une différence entre tel Saint Nom et tel autre peut également amoindrir considérablement les effets du chant. Pour mes guides, *Khristos* est une autre façon de dire *Krista* ou *Krishna*; peu importe que l'on s'adresse à Dieu par les Noms *Christ* ou *Krishna*, il s'agit toujours du même Suprême; tous les noms Sacrés sont donc les mêmes. De toute façon, les lettres dont ils se composent recèlent de telles puissances spirituelles qu'elles agissent même lorsqu'on les prononce de façon inadéquate. Par contre, si on chante *babloula,* ou une onomatopée quelconque, rien ne se passera même si on y met tout son cœur. *N'inventez pas votre propre Nom Sacré* dit le maître. *Il n'aura pas le même pouvoir.* Aussi, si l'on invoque le Saint Nom pour le confort du corps, pour obtenir des richesses ou de nombreux disciples ou pour tout autre motif personnel, un tel chant ne produira pas très rapidement les résultats escomptés.

Le chant qui produit le plus d'effets bénéfiques est dénué de tout désir d'honneur. La technique efficace est de se penser le serviteur du Nom, d'être humble (l'humilité étant cette capacité de faire ce qui plaît à l'Âme Universelle), tolérant, et prêt à respecter les autres. En réalité, il s'agit ni plus ni moins de chanter en aimant… ses ennemis. On comprend que la méthode la plus facile – chanter, écouter – devient d'un coup la plus difficile! C'est la mort du faux ego qui est proposée. Et là encore, nous avons affaire à une transformation de la conscience qui est universelle. Pour renaître à la joie de l'individualité spirituelle, il n'y a pas d'autre moyen que de mourir à l'ego humain. Le Christ propose de tendre la joue gauche quand la droite est frappée; ou encore de donner son manteau quand sa chemise a été volée. C'est révolutionnaire. C'est un immense défi qui va à contre-courant de tout ce que la société propose. Il s'agit de la destruction de tout ce qui peut devenir une pierre d'achoppement à l'épanouissement de l'âme. C'est le triomphe de la compassion sur la haine. C'est aussi l'examen final de la patience et la tolérance.

Ce ne sont pas les circonstances favorables au confort de l'ego humain qui vont mettre l'âme à l'épreuve. Quand tout va bien pour la conscience illusionnée, le faux moi se complaît dans une sorte d'endormissement factice qui ne fait que préparer un réveil brutal et douloureux. Seuls les épreuves de l'existence et les ennemis me fournissent des occasions de cultiver la tolérance. C'est pourquoi *les sages considèrent l'ennemi comme un éducateur rare et précieux*. C'est grâce aux situations difficiles qu'il est possible de progresser dans la pratique de la tolérance. Et pourquoi la tolérance? Tout simplement parce qu'il s'agit d'une énergie *indispensable à la neutralisation des éléments toxiques qui circulent dans les émotions* et qui empêchent d'accéder à cet état de bonheur après lequel l'âme languit depuis toujours. L'ennemi est comme un médecin: il traite le malade là où ça fait mal. Personne n'a jamais dit que la mort de l'illusion était une chose facile à réaliser. En revanche, le chant des Noms Sacrés peut aider grandement à réaliser que mon ennemi m'offre la chance inespérée de mûrir, de progresser sur la voie, d'ouvrir mon cœur. Au début, cela peut paraître amer, mais avec le temps, la conscience s'éveille à une autre réalité, bien plus vaste et bien plus heureuse que tout ce qu'elle connaissait auparavant. Par le développement d'une telle tolérance, l'écoute de Vibrations Sonores Spirituelles devient un support de guérison.

Le développement de la patience rend capable de circonscrire les situations les plus envenimées. Si j'observe avec précision ce qui se passe exactement lors d'une circonstance qui me paraît effroyable à première vue, je m'aperçois que *celui qui m'a blessé a par la même occasion permis quelque chose qui, sans lui, n'aurait pu arriver.* Il existe en toute situation plusieurs angles de vision. Un événement complètement négatif possède toujours sa contrepartie positive. C'est parfois très difficile d'accepter que chaque chose peut être observée selon diverses facettes. Prenons par exemple ce qui m'est arrivé: en signant de mauvais contrats d'édition, un gérant censé administrer mes affaires m'a volé les droits de toutes mes œuvres musicales composées depuis dix ans. Par un grossier abus de confiance, il a également réussi à détourner à son avantage les redevances générées par leur mise en marché. Je me retrouve bafoué et ruiné. En revanche, si j'envisage cet événement tragique sous un autre éclairage, je réalise que cela m'aura permis de fonder ma propre compagnie et de devenir mon propre éditeur. J'ai essuyé une lourde perte financière, mais j'ai gagné la liberté de poursuivre ma route dans une bien plus grande liberté d'esprit et d'action. Ainsi, cet escroc qui pensait me faire du mal m'a en réalité fait du bien... Aimer les ennemis n'est donc pas une chose complètement impraticable. Cela libère le cœur et permet de l'absorber purement dans le chant du Saint Nom. Cela permet surtout de pouvoir vraiment s'affranchir de tout ressentiment par la force du pardon car alors on détient une bonne raison de pardonner. L'efficacité des Vibrations Sonores Thérapeutiques contenues dans le Nom de l'Être Suprême dépend de ces changements de perspective. Cela peut paraître difficile mais en fait c'est une simple habitude à prendre. Le bonheur est un apprentissage, une question d'entraînement. Le chant des Saints Noms n'est pas un mouvement religieux: c'est une méthode individuelle de transformation de la conscience avec laquelle la tolérance et la patience jouent un rôle crucial. En invitant son propre mental à tolérer les joies et les peines qui passent comme étés et hivers, on accède pleinement à l'amour et à la compassion. Sous cet éclairage, tout se métamorphose. La vie n'est plus la même. Tout est nouveau. La personne en qui j'ai placé ma confiance et qui en profite pour dérober ce que j'ai de précieux n'est plus quelqu'un à abattre. C'est un guide qui m'aide à avancer vers la libération. Celui qui me trompe et me diffame n'est plus cette crapule infâme qu'il me faut porter sur la conscience toute ma vie. C'est *un agent de la Providence qui me donne l'occasion de mourir à un faux moi-même et de renaître à une partie plus profonde de mon éternelle individualité.* Le désarmement intérieur produit la bonté du cœur. Cela nous amène à ne plus tenter aucune transaction commerciale avec Dieu sous prétexte de service de dévotion. La capitulation du faux ego entraîne l'annihilation du désir de célébrité et de renommée. Les murs de la prison intérieure s'écroulent. L'âme est libre et le sentiment de mieux-être n'a plus de limite. Dans cette perspective, même les maladies, les échecs, les guerres et les désastres comportent un aspect positif: ces calamités peuvent être envisagées comme une manière de se libérer d'une lourde dette karmique contractée dans une vie passée. Cette vision est une manière de comprendre et de transformer la souffrance.

Comme on le remarque, toutes ces choses se passent à l'intérieur. Je n'ai pas besoin de porter certains vêtements, de me raser la tête ou de garder les cheveux longs. Je n'ai nul besoin de quitter l'endroit où j'habite pour rejoindre un temple ou une église. Tous ces signes extérieurs sont secondaires. Ce qui importe est de ne plus être centré sur soi-même, d'avoir le souci des autres, la compassion, et de tolérer les épreuves que le destin envoie. C'est avec ces qualités que la récitation de la prière du Nom apporte la maîtrise des émotions et finalement l'amour divin. Ces sentiments sont en fait des choses pratiques qui peuvent réellement soulager de profondes dépressions. Quand on s'y entraîne, ces qualités deviennent les armes du guerrier éveillé qui, malgré une vie tourmentée et éprouvante sur le plan physique, vit l'éveil de la conscience et représente un bienfait pour tous les êtres. Parce que la prière du Nom passe automatiquement par le développement graduel de ces états d'esprit, elle représente une véritable bénédiction pour l'âme. Je peux le dire aujourd'hui sans hésitation : si j'arrive modestement à entrevoir dans les chagrins et les catastrophes que la vie m'envoie une cause et une raison cachées c'est grâce à l'exercice du Saint Nom. Sans cette ascèse, je ne réussirais pas à apaiser mon esprit et je donnerais libre cours à la colère, avec toutes les conséquences misérables que cela implique. Le chant du Nom me protège, j'en suis certain. Même si, dans le fond, je suis resté un étudiant néophyte sans qualification particulière, je peux affirmer que cet exercice a transformé ma vie positivement. D'inquiet, de colérique et d'angoissé je suis graduellement devenu un peu plus serein.

Cette sérénité est certes bien incomplète, mais au moins il y a un mieux. Et c'est ce mieux que je tente de partager dans mes activités. Il y a tant de gens qui souffrent de ne pas savoir quel bonheur les attend au fond de leur propre cœur. Et la réponse est là toute proche. Prenez ne serait-ce que quelques minutes chaque jour pour écouter ou réciter le Saint Nom, le *maha-mantra* ou bien le Nom que vous aurez vous-même choisi, celui qui « parle » à votre cœur. C'est une méditation parfaite, un refuge accessible à tout moment, dans n'importe quelle situation. C'est l'assurance de ressentir la Divine Protection et de vivre des moments de grand bonheur même au milieu des pires épreuves. C'est un outil inestimable d'élévation de la conscience. C'est le cadeau sans pareil des maîtres de l'amour inconditionnel. Cette activité peut paraître simple au premier abord; en réalité, elle représente un puissant rituel de transformation intérieure. L'ensemble des Écritures Révélées de toute tradition ainsi que l'ensemble de la sagesse universelle montrent que la récitation du Nom de l'Être Absolu est une arme capable de vaincre la répétition des morts et des renaissances.

La Vibration Sonore Spirituelle représente la protection. Elle permet de surmonter les épreuves et de garder la vision du but de l'existence. L'action bénéfique des fréquences transcendantales du Saint Nom cause la neutralisation et la destruction des émotions toxiques et des illusions de l'être humain. Cela fonctionne un peu comme un son qui fait éclater un vase de cristal lorsque les fréquences de ce son atteignent un niveau précis. Ce phénomène se produit en raison du miracle de la résonance universelle et génère un sentiment de mieux-être intérieur magnifique qui peut être maintenu quotidiennement. « *N'attendez pas qu'il n'y ait plus de vagues sur les bords de l'océan pour aller vous y baigner* » disent les *rishis*, les sages clairvoyants de l'Himalaya.

20

Essence des révélations

« La pratique de la Vibration Sonore Spirituelle est recommandée dans la plupart des traditions mystiques, ce n'est pas un hasard »

Les Vibrations Sonores Spirituelles contenues dans les multiples Noms Sacrés nous sont données dans une multitude de révélations. Il est impossible de les nommer toutes. Les Noms du Seigneur sont aussi nombreux que les vagues de la mer. Ceux qui sont mentionnés ici le sont uniquement pour montrer que même si leurs sonorités diffèrent les unes des autres selon différentes traditions et selon une grande variété de langages, leurs sens sont similaires et *indiquent une seule et même Entité Souveraine.* Dieu, l'Être Infini, est miséricordieux. La Sainte Bible le nomme *Rab-Hesad*, Celui qui est empli de compassion. Le Coran l'indique sous le Nom de *Ar-Rahim* (le compatissant). Dans le Sri Vishnu Sahasranama de l'Hindouisme, on appelle le Seigneur *Sada-Marsi.* Celui qui est toujours miséricordieux envers les hommes bons. Dieu est l'origine des énergies divines de protection. Les psaumes de la Bible parlent de *Adam Vo-Behema Toshia,* celui qui protège les humains et les animaux. Le saint livre du Sikhisme, le Guru Granth Sahib, le nomme *Rakhwara*, le protecteur, et dans le Khordeh Avesta, le Livre de Zoroastre, Dieu est appelé L*yanah*, le Seigneur protecteur.

Pour les parsis du mazdéisme, Dieu est *Rayomand,* le radiant. Pour les musulmans, Il est *An-nur*, la Lumière première. Seul l'arrangement des sonorités est différent, la signification demeure la même…

On pourrait multiplier ces exemples à l'infini. Pour les chrétiens, Dieu est *Elohe-Ha-Elohim*, c'est-à-dire le Roi des Rois. Pour les hindous, il est *Parmeshvarah*, le Propriétaire Suprême, pour les islamistes, Il est *Al-Warith*, l'Éternel Propriétaire, pour les sikhs, Il est *Jagdisha*, le Maître de l'Univers et *Harverspkhuda,* le Seigneur du Cosmos pour les zoroastriens. En conclusion, je donne ici quelques exemples de « chant prière » issus de plusieurs traditions qui tous ont pour but de faire résonner la forme sonore du Divin dans notre cœur humain, de respiritualiser notre conscience et de sanctifier notre mental. Que la lumière soit.

Le Saint Nom selon la tradition juive:

Shema Yisrael Adonaï Elohenu Adonaï Ehad
Le Seigneur notre Dieu, Le Seigneur est Un.

Ribono Shel Olam
Seigneur de l'Univers.

Adonaï Adonaï El Rahum Ve-Hahnnun
Seigneur, Seigneur miséricordieux et plein de compassion.

Barukh Attah Adonaï
Béni-sois tu Seigneur.

Le Saint Nom selon la tradition musulmane:

Allah Akbar
Dieu est grand.

La ilah ill Allahu
Il n'y a pas d'autre Dieu que Dieu.

Bismillah illiR-Rahman Ir-Rahim
Au nom d'Allah, le miséricordieux, empli de compassion.

Le Saint Nom selon la tradition bouddhiste:

Nama Amida Butsu
J'offre mes hommages au Seigneur Bouddha.

Om mani padme hum
Que s'ouvre le lotus de mon cœur.

Om namo Tassa Bhagavator arhato Sammasumbuddhassa
J'offre mes hommages aux énergies du Seigneur Bouddha qui est parfait et complet en Lui-même.

Om Tara Tum Tare Ture Swaha
Que la Compassion Divine de Tara se manifeste en mon cœur.

Le Saint Nom selon la tradition Chrétienne:

Om leesous christum

Seigneur Jésus-Christ, Fils de Dieu, ai pitié de moi et engage-moi dans ton service éternellement.

Ave Maria
Invocation à la Mère Divine.

Le Saint Nom selon la tradition védique:

Sri Ram jay Ram jay jay Ram
Toutes gloires à Rama, Source de tous les plaisirs.

Om namo bhagavate Vasudevaya
J'offre mon hommage à la Personne Absolue.

Om Hari Om
La syllabe Om représente en général l'aspect impersonnel de Dieu. Lorsque le Nom de Hari est ajouté, l'aspect personnel complète l'aspect impersonnel. Hari signifie Celui qui libère le cœur.

Om namo narayanaya
J'offre mon hommage à Narayana, l'Être Originel.

Hare- Krishna-Hare-Krishna
Krishna-Krishna-Hare-Hare
Hare-Rama-Hare-Rama
Rama-Rama-Hare-Hare

Oh Hare, énergie de l'Absolue, Krishna, Toi qui libères du cycle des morts et des renaissances et fascines tous les êtres de l'univers, Rama, Source du Bonheur, prends-moi dans Tes bras, engage-moi à Ton service.

Om namah Shivaya
J'offre mon hommage à Shiva,
le plus pur des amoureux du Divin.

On le voit, la pratique de la Vibration Sonore Spirituelle est recommandée dans la plupart des traditions mystiques, ce n'est pas un hasard.

Si le chant du Saint Nom peut m'aider à me rapprocher d'une conception universelle et personnelle du Divin, je dois me souvenir qu'il existe une attitude intérieure qui rend ce moyen *efficient*. À seule fin de nous montrer la voie, le maître Sri Sridhar Swami illustrait cette attitude par une prière: *Oh Govinda, Maître de mon cœur et de mon âme, que puis-je faire? Il n'existe pas dans tout l'Univers un plus grand hypocrite que moi. Face à Toi, je suis un malfaiteur, un voleur, un menteur, un être vil. Mon Seigneur, je suis embarrassé d'avoir à Te demander le pardon de mes actes coupables. J'ai même honte de préciser à quel point mon cœur est plein de haine et de jalousie. Je T'ai offensé depuis plusieurs millions d'années. Dans cette vie même, je suis confus de me souvenir de ce que j'ai pu faire pour satisfaire mes sens et mon mental. Je suis consterné d'avoir à me présenter devant Toi avec tant de gestes et de paroles à absoudre. Que puis-je dire de plus, Seigneur, je suis un offenseur, aie pitié de moi.* J'ai du mal à m'imaginer la dose de courage, de bravoure, de probité, d'intégrité et de franchise qu'une telle prière demande. On retrouve ici la prise de conscience du *mea culpa* (c'est ma faute), universellement reconnue comme une étape cruciale dans l'expérience de l'être profond.

Bien sûr, il est à craindre que certains psychologues « modernes » soient troublés par de tels propos parce que ces paroles ne correspondent pas à leur conception du *self-esteem.* À ce point, je ne veux pas entrer plus en profondeur dans les complexités de la nature humaine; je citerais simplement ce passage de l'Écriture Védique : *Pour quelqu'un qui a une certaine vision du monde et qui goûte un certain plaisir, cette vision et ce plaisir lui paraissent suprême et absolu.* C'est dire que la compréhension, la foi et la conscience de l'individu sont déterminées par la manière dont il s'identifie à lui-même et au monde qui l'entoure. Il y aura donc toujours des divergences d'idées. Et c'est tant mieux. Rappelons tout de même que la honte dont parle Sri Sridhar Swami dans sa prière recèle une vérité capitale et décisive. Il ne s'agit pas de cette honte matérielle bien connue qui est excessivement toxique et qui bloque littéralement tout progrès; il s'agit au contraire d'un sentiment élevé, noble, et qui demande une grandeur d'âme, une noblesse et un esprit de sacrifice hors du commun. Pour déclencher une telle émotion dans son for intérieur, nous devons vraisemblablement nous hisser au-dessus de la nature humaine. Car cette honte est en vérité un repentir. Comme le pardon, le repentir est une émotion thérapeutique qui a le pouvoir de guérir l'incurable. Le repentir est un regret sincère, profond, un sentiment cuisant qui provoque parfois de belles larmes de libération et qui annonce un grand rétablissement. *Mieux vaut avoir la componction que d'en connaître la définition* dit l'Imitation de Jésus-Christ. Au moment où une telle énergie commence à vibrer dans le cœur, elle laisse présager un bouleversement de fond en comble dans la conscience. Le repentir prélude la mort du faux ego. C'est le signe certain que la Vibration Sonore Spirituelle est en train de balayer toutes les illusions sur son passage. Tout va bientôt être chamboulé, renversé, tout va être emporté! Le Soi se réveille et le temps est venu de lui faire de la place. Si l'âme désire avoir accès aux dimensions occultes du Saint Nom, elle doit passer par l'extinction de l'ego humain. Tous les êtres réalisés sont unanimes à ce sujet. *Il faut que le grain meure pour qu'il renaisse* dit l'Évangile. Le passage est étroit. On parle ici d'abnégation totale; il est question de se placer soi-même au bas de l'échelle, à l'entrée de la porte, et de patienter sans attendre quoi que ce soit, dans la joie mystique de se trouver aux Pieds de l'Absolu. À cet endroit, de nouveaux et merveilleux sentiments apparaissent. Pardonner devient aisé. Une force mystérieuse nous enseigne le pouvoir de la douceur.

Les murs de l'arrogance s'écroulent. La saveur de l'humilité guérit les blessures. *Il n'y a plus lieu d'exercer de pressions pour que les autres changent.* On aime les gens tels qu'ils sont, sachant maintenant que tout fait partie d'une grande chorégraphie cosmique. Les démons ne parviennent plus à nous effrayer car l'amour a pénétré le cœur endurci. Cette manie qu'on a de s'inquiéter fond à vue d'œil. D'instinct, on sait où réside la beauté. Il convient de se préparer à d'immenses élans d'énergie qui feront chavirer la conscience car à cet endroit, alors qu'on se sent aussi humble qu'un brin de paille, déchu, insignifiant, plus bas que le plus bas… on a des chances que la forme compatissante de l'Absolu nous remarque et nous introduise dans Son jardin; à cet endroit, on a des chances que Dieu nous place dans Son entourage.

Selon le Gaudiya Vedanta, on voit que le Suprême s'amuse éternellement et poursuit toutes sortes de divertissements sous toutes sortes d'aspects, de formes et d'énergies. Un de ces aspects est appelé en Sanskrit *vibhinnâmsas*. Les *vibhinnâmsas* sont les parties séparées de l'Absolu. Il existe en effet une différence quantitative entre elles et les autres aspects. Parce que les parties séparées possèdent les qualités divines en quantité infinitésimale, elles sont prédisposées à subir l'influence de l'énergie d'illusion divine. Mais elles ne sombrent pas éternellement sous le contrôle de l'énergie externe matérielle. Leur damnation cesse un jour. Quand? Lorsque, dans un acte de générosité formidable (la contrition), elles cessent de penser: *je suis quelqu'un, j'ai une position importante, le monde m'appartient*. Ce faux soi-même est consumé entièrement, il s'éteint pour que le corps de lumière puisse ressusciter, que le bonheur total puisse éclore et que l'âme prenne son essor. Il arrive que la partie séparée désire sincèrement réintégrer sa demeure originelle, mais qu'en même temps elle garde des ambitions de réussite sociale. L'Intelligence de l'Univers lui retire alors la source de son bonheur matériel... Elle perd tout mais gagne l'inconcevable. N'ayant plus aucun recours et ne rencontrant qu'obstacles et difficultés, la partie séparée finit par s'abandonner complètement à la Présence Intérieure. Bien que démunie provisoirement sur le plan matériel, elle est sereine. D'où l'intérêt de réfléchir à l'importance spirituelle de nos faillites matérielles. Une ruine externe peut cacher un relèvement interne. Une déroute ou une dégringolade sociale peuvent annoncer un renforcement à tous les niveaux de l'être et augurer une réussite et un succès global dépassant l'imagination. Le livre de Job, dans la Bible, témoigne de cet aspect mystérieux intérieur. Cette étape est même très souvent montrée comme l'ultime alliage de l'humain et du divin. Une fois libérée de l'arrogance, de l'amertume et de l'habitude de la critique envieuse, l'énergie providentielle de Dieu permet qu'une âme conditionnée par le temps puisse développer le désir de cultiver la science des Saints Noms. La puissance du son est à l'intérieur. C'est la pensée, c'est-à-dire le sentiment qui est injecté dans le son qui importe le plus. La signification, l'essence du contenu, la valeur que l'on donne (le concept qui entoure le Nom), toutes ces choses importent plus que la forme physique du son. Chanter le Saint Nom en conservant une conception vide, impersonnelle ou sectaire de l'Absolu est une réduction qui empêche l'âme de ressentir ces éruptions volcaniques d'amour divin qui caractérisent le cœur des yogis de la dévotion.

Les grands contemplatifs du Saint Nom, qu'ils soient chrétiens, musulmans ou vaïsnavas (Krishnaïtes) chantent en s'aidant d'un chapelet. Cette pratique universelle les aide à fixer leur attention sur la récitation de leur mantra-prière. Elle leur indique en plus le nombre de mantras chantés chaque jour. Le mantra est murmuré au complet sur chacun des grains du chapelet. En récitant quotidiennement un nombre précis de mantras, graduellement le mental s'apaise, le cœur s'ouvre et l'intelligence s'illumine; le Nom dévoile son mystère et son amour. La seule chose à faire est de concentrer son attention sur le son. En prononçant le Nom distinctement et clairement, dans une attitude de dévouement, on se place sur la voie. Les principes supérieurs de la spiritualité nous seront alors révélés au moment opportun. Graduellement, tout le reste se manifestera naturellement, librement et spontanément.

21

Le retour de la déesse

« Les sentiments de l'âme sont éveillés par une tranquille humidification du cœur qui rendra la terre intérieure plus fertile »

Le cœur est un miroir. Tout s'y reflète et y laisse une trace indélébile. Tout comme un appareil photo saisit toutes sortes d'images et de situations, notre cœur psychique photographie les scènes de l'existence qui s'accumulent dans le subconscient. C'est précisément ces souvenirs qui déterminent les conditions dans lesquelles l'être vivant devra reprendre naissance. Toutes ces images finissent par recouvrir le miroir du cœur et c'est ainsi que l'âme se trouve conditionnée par des voiles d'illusion de plus en plus opaques qui lui cachent sa vraie identité cosmique. Cela se passe depuis que nous sommes entrés en contact avec l'énergie matérielle, c'est-à-dire depuis des temps immémoriaux.

Les sentiments de l'âme représentent en définitive des émotions particulières qui font surgir du tréfonds de l'être une énergie suffisamment puissante pour purifier le cœur des illusions qui le recouvrent. Cette énergie est de nature divine. Décider d'entrer en contact avec cette énergie c'est ce que la prophétie appelle la vie intérieure. Ce contact doit forcément être différent et unique pour chacun de nous. Ce contact est aussi une sorte de combat spirituel. Swami Maharaj disait que développer la conscience de *Param Brahman* (la vérité suprême) revient en somme à déclarer la guerre à *Maya*. La nature de cette lutte n'est pas matérielle.

C'est-à-dire que, pour entrer en relation avec l'aspect sublime de Dieu, l'être vivant se voit dans l'obligation de lutter contre les forces de l'illusion. C'est peut-être ce qui explique pourquoi les épreuves semblent redoubler en nombre et en force lorsqu'on cherche à avancer sur le sentier de l'expérience de la conscience. On dit que Dieu retire tout à celui qui veut le voir; il est en effet difficile d'imaginer l'ascension d'une âme chargée d'une foule d'attachements émotionnels. La libération passe nécessairement par différentes étapes de nettoyages existentiels, d'assainissements psychologiques et de purges de conscience. Ces étapes sont des crises, des purifications souvent délicates à traverser. Des forces adverses, des adversaires, des ennemis sont envoyés dans nos vies et agissent comme des agents chargés de tâches ingrates mais nécessaires et salutaires. J'ai exposé dans cet ouvrage quelques moyens communs à un nombre remarquable de traditions mystiques et que je m'efforce peu à peu de mettre en pratique au milieu des difficultés de la vie.

Ces moyens, qui fonctionnent comme de véritables protections ésotériques, m'aident à surmonter les coups apparemment absurdes du sort, à les tolérer et à en être de moins en moins affecté. Ce n'est pas évident. Le vieil ego aime ses drames et se conforte dans ses colères et ses déprimes *parce qu'elles justifient en quelque sorte sa propre existence.* Pourtant, peu à peu, on découvre que toutes ces agitations se passent uniquement en surface et que dans les profondeurs de l'être vivant, il y a un autre moi qui, lui, ne souffre pas, ne ressent aucune frustration et n'est jamais vraiment impliqué par ce qui se passe sur l'épiderme de la vie. C'est là que se situe l'efficacité de la protection divine. C'est précisément quand les chagrins, les dangers et les souffrances se présentent que je suis soutenu alors que je dirige ma conscience vers la partie la plus intime de moi-même. Je cherche alors à m'identifier à cet autre moi, parcelle infinitésimale du Moi Suprême, plutôt que de continuer à souffrir en essayant de mener une existence soucieuse du seul plaisir des sens et du mental. Et je découvre ainsi une nouvelle façon d'être heureux.

Dans la langue sanskrite, le *devanagari* ou langage des anges, cette autre partie de moi est qualifiée de *tathasta shakti*. Elle est *shakti*, énergie divine, oscillante entre une conscience d'exploitation et une conscience de dévouement. Lorsqu'elle choisit d'exploiter l'énergie externe de la réalité, elle développe un ego d'illusion qui ne cherche qu'à devenir seigneur et maître de la nature et des êtres qui l'animent. Il y a compétition, frustration, colère, angoisse et finalement oubli total de l'âme et de l'Âme Suprême. Par les différents moyens que j'ai voulu exposer dans ce livre, la *shakti* divine, qui est en nous et qui est nous, manifeste la volonté de redresser sa conscience d'exploitation et de la faire pencher vers une conscience de dévouement. Le moindre pas dans cette direction génère un bénéfice spirituel éternel qui n'est pas perdu à l'instant de la mort physique. Les penchants de la conscience sont la seule chose qui nous reste après la disparition du corps grossier et de tout ce qui s'y rattache (enfants, propriétés, position sociale, etc.)

Selon la prophétie védique, la conscience de dévouement provoque à terme un état constant de paix intérieure, sérénité, sécurité, protection divine, abondance naturelle, santé globale, amour, extase, affranchissement des chaînes de l'existence. Dans cette vie comme la suivante, elle est source de bonheur. Nous sommes ainsi pour nous-mêmes le plus important facteur du rétablissement de notre santé spirituelle.

Au niveau de la santé planétaire, cela se traduit par l'abandon du corporatisme impérialiste, dans lequel les richesses sont exploitées aveuglément par différentes administrations qui détruisent la vie en détruisant l'écosystème global, et l'avènement d'une structure sociale dans laquelle les ressources sont partagées, gérées équitablement, où l'humain retrouve la richesse de l'artisanat par rapport à l'abrutissement des produits de consommation de masse et où il redécouvre l'opulence de la simplicité volontaire par rapport aux risques énormes des besoins superflus d'un mode de vie artificiellement sophistiqué. Le dévouement est la racine de l'arbre social. Arroser la racine revient à satisfaire automatiquement toutes les parties de l'arbre. La Terre ne manque de rien. Tout existe en suffisance, eau, nourriture, feu, air pur, animaux, semences, gemmes. La seule chose qui nous manque se traduit par la conscience du dévouement avec laquelle toute l'abondance de l'univers peut se manifester. L'exploitation, cet esprit maléfique qui cherche à tout contrôler en prenant la place de Dieu entraîne à coup sûr une civilisation de destruction, de pestilences et d'angoisses. En fait, nous n'avons pas d'autre choix que de vivre, par un moyen ou un autre, en harmonie avec l'amour inconditionnel si nous voulons être protégés par les puissances de la Nature et par celles de notre Dieu intérieur.

Demandez encore à votre cœur ce qu'il en pense... Quand je parle du cœur, il ne s'agit pas du *Surmoi* au sens où Sigmund Freud l'entendait et qui n'est finalement qu'une simple introjection des interdits parentaux. Il ne s'agit pas non plus de l'inconscient collectif au sens où Carl-G Jung l'entendait et qui se manifeste par des archétypes dans les couches profondes de l'âme sous forme de motifs et de symboles qui laissent leurs empreintes dans les rêves, dans les mythologies, dans les contes de fées, etc. Ces niveaux ne sont pas remis en question, bien entendu, mais en ce qui concerne le cœur, disons qu'il peut être défini comme le berceau de l'âme, la source des intuitions, la fontaine de nos pressentiments, de nos inspirations, de nos révélations, le lieu intime des résurgences et des prémonitions. Le cœur ressent et possède le pouvoir de connaissance directe. Il ne prouve pas, il éprouve.

C'est un support essentiel au processus de la nouvelle guérison et, en tant que *shakti*, énergie divine, c'est un élément de nature féminine. Ce support nous aide à assumer nos défis émotionnels, à les intégrer, à les traiter. La *shakti* du cœur est un facteur d'évolution parce qu'avec elle la réalité est perçue dans un contexte élargi, dans le respect de la personne humaine envisagée globalement sur le plan physique, émotif et spirituel.

L'âme de tous les êtres vivants est *shakti*, énergie féminine. Elle partage les qualités masculines de l'Absolu puisqu'elle y participe (elle est Lui en partie), mais sa nature de *shakti* fait d'elle un emblème de l'éternel féminin.

Son univers intérieur est plus nuancé que la vision *2 + 2 = 4* de l'éternel masculin. Sa perception est universelle, globale et périphérique. L'âme ne se lie pas à ce qui l'agresse. C'est pourquoi le genre de prédication pénible des mouvements religieux qui utilisent encore de vieux principes éculés de séduction des masses avec des messages assourdissants, contraignants et trop répétitifs dans leur visibilité n'ont aucune chance de réussite et nous nous en félicitons. Les credo sectaires n'exaucent pas les prières contemporaines. Ce n'est pas en attaquant de front mon cœur que vous pourrez le séduire. L'âme s'éteint lorsqu'elle reçoit en plein visage une bouffée précoce de principes religieux présentés trop hâtivement. Si vous voulez courtiser votre être profond, mesurez votre ardeur et faites en sorte que votre cour ne soit pas trop flagrante. Restez discret et attendez que l'Ami Cosmique vienne vous chercher de l'intérieur. En allant trop vite, on risque de rater une marche. Pour attirer les sentiments de l'âme, il est recommandé d'oublier toute approche dépourvue de subtilité. Souvenons-nous que l'âme est de nature féminine. C'est dire qu'elle a en son pouvoir des antennes intuitives qui captent de multiples dimensions simultanément. Chez elle, tout travaille de concert. Les sentiments de l'âme ne peuvent donc pas être forcés par des réactions impulsives. Ils sont plutôt éveillés par une tranquille humidification du cœur qui rendra la terre intérieure plus fertile, plus tendre, plus attentive à la texture profonde des communications, des transmissions de messages et des relations personnelles. L'âme n'est guère impressionnée par les organisations religieuses. Le faste des châteaux et des lustres en cristal la rend perplexe. Si vous voulez contraindre une âme à accepter votre moyen de réalisation, fut-il irréprochable, tout ce que vous parviendrez à faire c'est de provoquer en elle un dégoût qui l'éloignera définitivement de vous. Soyez certain de cela. Aussi, ne précipitez pas votre déclaration d'amour, ne soyez pas pressé… Tout arrive à point pour qui sait attendre.

L'âme perçoit des choses que l'ego ne perçoit pas et réagit à des impressions que l'intellect ignore. L'âme observe les choses avec un esprit féminin. Sa nature profonde de *shakti* lui donne la clairvoyance des perceptions prophétiques. Elle est constamment à l'affût de l'honnêteté qui la protège silencieusement des tensions, des peurs et des anxiétés de l'ego humain qui cherche toujours à faire étalage de ses connaissances. L'âme est sereine parce qu'elle fait ce qu'elle fait dans le but d'être bénéfique aux autres.

Et ne pensez pas que l'âme manque de temps. Sa vie même est un dévouement, une prière imbibée du souvenir de son Amant. Elle n'a pas à trouver du temps pour ses méditations. C'est peut-être une mère qui travaille avec de jeunes enfants. Elle semble absorbée dans la matière mais en réalité son cœur est constamment en communion mystique. Cela ne se voit pas mais chacun le ressent et, en secret, Dieu la libère et la comble de bonheur. Vie spirituelle veut dire vie intérieure. C'est une attitude personnelle, individuelle, confidentielle qui se pratique 24 heures sur 24, avec les objets les plus usuels, les plus anodins, dans cette vie qu'on appelle arbitrairement la vie ordinaire et qui est en réalité sublime.

Cela exige de regarder la vie sous un tout autre éclairage. Une lumière indirecte, tamisée, convient mieux que d'éblouissants néons. Pour capter l'attention de mon âme et faire surgir les sentiments qui vont me protéger de l'illusion, je ne suis pas obligé de jaillir d'une boîte de confiseries et de sautiller sur place en claquant des mains et en brandissant des banderoles. Un manque de discrétion dans l'agitation des bannières et hop! L'âme disparaît... Le temple reste là, tout décoré, tout habillé, mais la magie est partie. L'impatience qui caractérise l'adepte trop zélé est une attitude aussi stérile que les fondamentalismes religieux; ces deux pulsions sont les antagonistes de la vérité. L'âme ne veut plus être bombardée de vieux slogans ridicules du genre: *nous avons la meilleure philosophie, nous avons le meilleur moyen de réalisation, nous faisons le meilleur yoga, nous avons le meilleur maître spirituel.* Ces messages sont assommants pour la *shakti*. L'âme n'a que faire de ce qu'il y a de meilleur : elle veut simplement ce qui est plaisant pour elle et pour le reste du monde. Sa méfiance légitime du meilleur est une réaffirmation des subtilités de l'existence divine. L'âme n'aime pas se faire inculquer quoi que ce soit. Elle veut découvrir par elle-même les vérités que son guide lui a suggérées.

Si vous parlez à l'âme, parlez-lui du coin de l'œil, sans agressivité. Si vous voulez captiver son attention, vous devrez capturer son cœur. Nous n'avons pas besoin d'employer de stratégies. Le mot prédication la fait fuir. C'est par la douceur de la libre inspiration que nous obtiendrons des résultats. Rapprochons-nous de notre âme graduellement, sans nous presser, jusqu'au jour où nous parviendrons finalement à voir l'univers avec les yeux de notre partie divine. Ce jour-là, même la mort ne pourra pas nous nuire. Nous serons protégés. Nous prendrons refuge au fond de nous-mêmes, aux pieds des grandes fontaines d'amour de l'Infini.

La *shakti* est une déesse. Comme une fée, on ne peut pas l'obliger à se montrer. Mais on peut l'inviter, lui faire plaisir, lui faire des cadeaux, lui consacrer du temps, renoncer aux choses qu'elle trouve laides et accepter celles qui lui procurent de la joie. Quand on verra l'âme, on verra Dieu. Par quels moyens? Souvenez-vous… le bonheur sublime, l'autonomie, la vision selon laquelle tout est divin, le cœur psychique, l'amour de l'atome, la révolution des consciences, le pouvoir de la compassion, les signes de l'aurore, la beauté qui guérit, l'harmonie comme une prière, l'Infini, la nouvelle sensualité, la délivrance miraculeuse, l'universalité, le maître, l'abandon, la fréquence divine, les Saints Noms, la déesse… et puis en définitive son Ami Intérieur qui la protège et qui la serre très fort dans Ses bras, et qui la tient si près qu'on ne sait plus qui est l'Un et qui est l'autre.

Dans son service.